満州スパイ戦秘史

関東軍将校らの証言で迫る
ノモンハン事件から
日ソ戦争まで

永井靖二

朝日新聞出版

まえがき

1960年代の初頭、世界は一触即発の危機にあった。

1959年の革命でカリブ海に成立したキューバのカストロ政権は、ソ連との関係を深めていた。1961年1月に発足したアメリカのケネディ政権はその年の4月、反革命軍によるキューバへの上陸作戦を支援したが、失敗に終わる。翌年10月には、キューバで中距離弾道ミサイル基地の建設を続けるソ連にアメリカが海上封鎖で対抗し、核戦争の瀬戸際で米ソがにらみ合う「キューバ危機」が起きた。それに至る1961年前半の時期、アメリカは対ソ政策を先鋭化させるさなかにあった。

ちょうどそのころ、太平洋を隔てた日本で元軍人らを訪ね歩くアメリカ人がいた。旧日本陸軍の研究で知られるアルヴィン・クックス博士（1

アメリカの戦史研究家アルヴィン・クックス博士。米・サンディエゴ州立大学で日本史、軍事史の教授を務めた。特に旧満州を支配した関東軍や対ソ作戦に詳しく、1986年、軍事史家の最高の栄誉、モリソン賞を受賞した＝1989年11月、東京都港区

924〜1999年）だった。

ハーバード大学で歴史学を学び、1951年に博士号を取得したクックス博士は、折から激しくなっていた朝鮮戦争に陸軍少佐として従軍したのを機に、来日した。旧日本軍の戦史記録の翻訳を担当したのがきっかけとなり、そのまま1964年まで滞在し、いくつかの大学で教師をしながら研究を続けることになる。1952年には日本人女性の久子氏と結婚。旧軍人などへのインタビューの多くは、久子氏が通訳を務めた。

研究成果を基に、クックス博士が1985年に出版した「ノモンハン　草原の日ソ戦　1939」（邦訳1989年、朝日新聞社）は今でも、この事件を知るために最も重要な基本文献だ。クックス博士がインタビューをした元将兵は400人を超えるとされるが、なぜか1961年の前半だけ、彼はインタビューの録音を残していた。どこかからの依頼か、なにか意図があったのか、今となってはその動機は不明なままだ。

この録音テープは現在、アメリカの南カリフォルニア大学（USC）の東アジア図書館に所蔵されている。録音機を携えたクックス博士のインタビューに応じたのは、日本が旧満州に駐屯させていた関東軍の元将校ら、計36人だった。録音の量は、総計178時間に及ぶ。クック

アルヴィン・クックス博士による旧関東軍元将校らへのインタビュー録音が収蔵されている、南カリフォルニア大学東アジア図書館＝2020年2月15日、米・ロサンゼルス市、永井靖二撮影

ス博士が取り組んでいたノモンハン事件の研究の一環としてだけでなく、高まる緊張のなか、ソ連と戦った日本側から教訓を得る狙いがあったようだ。クックス博士は初対面の相手にはインタビューの冒頭、「対ソ戦の教訓を聞かせてください」と前置きしていた。

ノモンハン事件の取材の一環として、研究者らへのインタビューのためアメリカを訪れた筆者は、図書館に行き、デジタル化されたインタビュー録音の提供を受けた。

音源を文字化し、証言内容すべてを分析すると、意外な事実が浮かんできた。ノモンハン事件の著作で知られるクックス博士だが、事件に関する話題は全録音時間の半分弱に過ぎなかった。証言者の経歴を調べると、ノモンハン事件に加わった元将校と並び、スパイ戦を担った特務機関員や作戦の立案に携わった参謀の経験者が多いことが判明した。インタビューの内容の残り半分強は、ソ連を相手にしたスパイ戦の内実や、ソ連との戦争を想定した作戦計画がどのように立てられたのかという経緯、あるいは大戦末期の1945年8月にソ連が満州国へ侵攻してきた際の体験のほか、旧日本陸軍の慣行や体質といった内容が占めていた。

元将校たちは淡々と、時に興奮しながら、当時の状況を語っていた。

筆者が録音の提供を受けた時、すでに敗戦から75年余が経過していた。終戦時に初年兵だった人でもすでに90歳代の後半に達している。そんな状況下、軍隊という階級組織で作戦行動などの意思決定の中枢にいた元将校たちの肉声は、具体的で生々しかった。

彼らの肉声を基に、満州国で何があったのか、あの戦争とは何だったのか、その一端を描くことはできないだろうかと考えた。ソ連相手のスパイ戦にまつわる部分を選び出し、ウェブ上で証言録音とナレーションとでその内実を描く企画案は、朝日新聞デジタルの大型企画シリーズ「プレミアムA」の第15作、「砂上の国家　満州のスパイ戦」（URL：https://www.asahi.com/special/manchukuo-spying/?iref=digisptop、2021年8月4日公開）に結実した。

クックス博士の案内役を担当したのは、ノモンハン事件当時に参謀本部作戦班員で、後に関東軍や南方軍の参謀も務めた元大佐、今岡豊氏だった。英語も堪能で、後年には防衛庁防衛研修所戦史室（現・防衛省防衛研究所戦史研究センター）の調査員となり、「石原莞爾の悲劇」（芙蓉書房、1981年）などの著書もある。その今岡氏がほとんどのインタビューに同席し、時には久子氏に代わって通訳も務めた。話の展開によっては、元参謀として「それはそうじゃなくて……」などと、証言者に向かって補足すらしている。その分野で知られた研究者であるクックス博士が、元参謀の同席のもとでなされたインタビューは、筆者のような門外漢を煙に巻くのとは勝手が異なり、「闇」の任務が多かった元特務機関員などにとっては、時にはかなりやりにくいものだったに違いない。あからさまな作り話は通用しにくい相手だったと言える。

だが、それだけに、彼らが「語っていないこと」に注目する必要性は、むしろ高いと筆者には感じられた。満州国の実態に少しでも近づくためには、証言で組み立てたスパイ戦の内実に加え、彼らが語らなかった側面にも照明を当てる必要があると考えた。

そんな考えから、本書の構成は以下のようにした。

第1章は、熾烈なスパイ戦の実態とともに、特務機関の創設と発展の経過をたどった。第2章は、1939年のノモンハン事件に至るまでのソ連との国境紛争や、その裏側にいた特務機関員らの活動をまとめた。第3章は、ノモンハン事件の戦場で繰り広げられた関東軍の特務機関とソ連軍との情報戦に着目した。第4章は、独ソ開戦に伴って勢いづいた「北進論」について。第5章は、情報戦に欠かせない地図と逃亡兵の物語。そして第6章は、戦局の悪化に伴う対ソ作戦の変貌を追った。

続く第7章は、ソ連軍の侵攻を受けた関東軍幹部らの右往左往ぶりに触れた。第8章は、これまでほとんど知られることのなかったソ連軍相手のゲリラ戦について取り上げた。加えて、軍が省みることのなかった避難民や兵士の家族の戦後にも、わずかながらではあるが、目を向けた。そして最終章は、「語られなかったこと」をテーマとした。

音声資料の取得にあたり、旧満州やモンゴルの軍事遺構の現地調査を続けている岡崎久弥さんには、全面的なご協力をいただきました。ここに深く感謝申し上げます。また、書籍向けの文章をまとめるにあたり、第6章は、朝日新聞デジタル「砂上の国家」の一節として同僚の瀬戸口和秀記者が担当した「ソ連侵攻に備え、三つの作戦案『かかし』だった関東軍が捨てたもの」を、永井が加筆・再構成している。当然ながら、この書籍の記述に関するすべての責任は永井にある。

調べれば調べるほど、自分の浅学非才を痛感するばかりだった。残念ながら、記述の至らない点も多々あることと推察される。皆様からのご指摘、ご指導を仰ぎたいと切に希望します。

目次

※出典：植民地文化学会、東北淪陥一四年史総編室編「『満洲国』とは何だったのか」（小学館、2008年）を基に編集部で作成

関連年表

1931年	9月	関東軍、柳条湖の満鉄線路を爆破、中国側の行為として軍事行動を開始、満州の武力占領へ（満州事変）。
1932年	3月	満州国建国を宣言。溥儀は執政に。
1933年	3月	日本、国際連盟脱退を正式通告。
1934年	3月	満州国、帝政実施。溥儀、皇帝となる。
1935年	3月	満州国、ソ連の中東鉄道を買収。
	6月	満ソ国境付近の楊木林子で日ソ軍衝突（楊木林子事件）。
1936年	1月	満ソ国境付近の金廠溝で日ソ軍衝突（金廠溝事件）。
	3月	満蒙国境付近のタウラン地区で、関東軍・満州国軍がモンゴル軍と交戦（タウラン事件）。
1937年	6月	満ソ国境の黒竜江上の島の領有をめぐり日ソ軍衝突（乾岔子島事件）。
	7月	盧溝橋での軍事衝突をきっかけに、日中戦争へ。
1938年	7月	満州国・ソ連・朝鮮国境の張鼓峯で、日ソ軍衝突（張鼓峯事件）。
1939年	5月	満蒙国境で、関東軍と満州国軍が、ソ連・モンゴル連合軍と衝突（ノモンハン事件開始）。
	8月	ソ連・モンゴル軍、ノモンハンで総攻撃、関東軍に壊滅的打撃を与える。
	8月	独ソ不可侵条約調印。

	9月	ドイツ軍、ポーランドに侵攻(第2次世界大戦勃発)。
1940年	9月	日独伊三国軍事同盟締結。
1941年	4月	日ソ中立条約調印。
	6月	ドイツ軍がソ連に侵攻(独ソ戦勃発)。
	7月	日本の大本営は「関東軍特種演習」の名で満州に80万の兵力を動員。
	10月	尾崎秀実、ゾルゲらスパイ容疑で検挙(ゾルゲ事件)。
	12月	日本軍、ハワイとマレー半島を奇襲(アジア・太平洋戦争勃発)。
1942年	6月	ミッドウェー海戦で日本海軍大敗。
1945年	2月	ヤルタ会談。スターリン、ソ連の対日参戦を約束。
	5月	ドイツ、連合国に降伏。
	8月	ソ連、対日宣戦を布告。満州国内に侵攻。
	8月	日本、ポツダム宣言を受諾し、無条件降伏。
	8月	皇帝溥儀、退位。満州国解消。
1949年	12月	「ハバロフスク裁判」で関東軍731部隊の細菌兵器製造・使用が裁かれる。

凡例

・地名は当時のものである。ただし、新京（現・長春）や奉天（現・瀋陽）など、主要都市で現在の名称が変わっているものは注記した。
・各国の軍人の階級は、陸軍における階級を示す。
・存命中の方へのインタビュー内容は、取材した２０２１年当時のものである。
・（ ）かっこで付した年齢の表記は、２０２１年の取材当時とした。
・存命中だった方と物故者との表記を統一するため、登場人物の敬称は略した。

※本書の引用部分の中には、今日の人権感覚に照らして差別的ととられかねない箇所があります。筆者が差別の助長を意図したのではなく、発言者や執筆者が故人であることや、執筆当時の時代背景を考慮したうえ、該当箇所の削除や書き換えは行わず、原文のままとしました。

写真は、特に断りがないものは朝日新聞社提供
地図作成／谷口正孝

第1章●

北辺の仮想敵との応酬

ソ連から満州国へ亡命した大物政治家の身柄は、翌日のうちに、表向きは別の国家の首都であるはずの東京へと送られた。尋問にあたった陸軍将校の証言録音は、日本の駐モスクワ大使館員らに対するソ連当局の監視や取り込み工作のこれまで知られていなかった細部にも言及していた。ソ連側が仕掛けるハニートラップへの「対抗策」は、独特の規律で情報工作に携わっていた日本の特務機関員の存在を浮き彫りにする。この章は、日露戦争の前から始まっていたロシアとの諜報戦が、共産主義国家・ソ連の発足を機に、「特務機関」を成立させた経緯を概観する。

赤軍の大物

「私はあなたの名前を知っている」

1938年6月14日、尋問にあたったロシア通の日本陸軍将校（当時・参謀本部ロシア課ロシア班の少佐）と最初の握手を交わしながら、男はそう切り出した。場所は、東京・九段にある陸軍将校の親睦組織「偕行社」の一室。ソ連側が放ったであろう暗殺者を警戒し、建物の外では憲兵が周囲を見張っていた。

1938年6月13日に突如、満州国へ亡命したソ連内務人民委員部（NKVD）極東局長のゲンリフ・リュシコフ大将

男は背が低く、小太りで赤ら顔だったという。名はゲンリフ・リュシコフ。ソ連・スターリン政権で秘密警察を統括する内務人民委員部（NKVD）の極東局長のほか、ソビエト最高会議代議員などを兼任する大物だった。

スターリン政権の中枢部にいたはずの彼が、6月13日、満州国東部の琿春《こんしゅん》に近い国境地帯を副官ら数人と視察中に、突然、単身で歩いて国境を越え、満州国へと亡命した。当時、ソ連では「粛清」の嵐が吹き荒れ、NKVD幹部までが次々とスパイなどの罪に問われていた。「次は自分だ」と身の危険を感じたのが亡命の理由だと、リュシコフはロシア通将校に説明したという。

一緒にいた副官たちは、あまりに突然のことで、日頃恐れていた上官を背後から撃つことはできなかったらしい。「罰せられたかもしれませんね、副官は」と問うクックス博士に、ロシア通将校は「ええ、やられたでしょう」と答えている。

歩いて国境を越えたリュシコフは、その1時間後には、国境警備隊から特務機関に身柄を引き渡された。翌14日には特別機で東京へ移送され、尋問を受けた。

「あなたを監視していた」

「どうしてあなたは僕を知っているんだ」と問うロシア通将校に、リュシコフは「あなたを、私はずっと監視していた」と、答えたという。1935年2月から2年余り、この将校はモスクワで大使館付武官補佐官の肩書のもと情報活動に従事していた。

一方、リュシコフはこの時期、NKVD配下の秘密警察幹部として、モスクワに駐在する各国の外交官や武官らを、隙あれば取り込む役回りだった。

そのリュシコフの身柄を預かった日本の参謀本部が切望した情報は、ソ連の極東での兵力配置のほか、共産党首脳陣の対日観、ソ連国内の政情などだった。リュシコフは将校の問いに答え、自分の知ることをあけすけに語ったとされる。

「私はどういう評判だったか?」

尋問が進んで雑談に移った頃に将校が尋ねると、リュシコフは「あなたには本当に困った」と、当時の不満を蒸し返したという。

秘密警察が差し向けた女性を、この将校が次から次へと取り換えたためだった。

「それでね、女を固定させることができないって言うんですよ」

「ハニートラップ」への対抗策として、上官から「一人の女と3度以上つき合ってはいけない」と命じられていたと、将校は打ち明けた。

リュシコフは、母国と敵対する周辺諸国にとって自分の「価値」がいかに高いか、よく理解していた。亡命先にはソ連と地続きで接していた満州国を選んだが、彼の身柄を拘束したのは、日本陸軍だった。これも彼には想定通りだったであろう。表向きは「五族協和」「王道楽土」のスローガンを唱えながら、日本の傀儡《かいらい》国家だった満州国の内実を、諜報《ちょうほう》戦を指揮する立場にいた彼は熟知していた。

その満州国で、ソ連を相手にしたスパイ戦を担っていたのは、「特務機関」と呼ばれる、日本の陸軍内部では異色の組織だった。

「特務機関」の発足

19世紀後半、欧米の国々がアジア、アフリカを植民地にしていくなか、ロシアは南に勢力を伸ばし、中国、そして朝鮮半島をうかがっていた。

一方、日本陸軍も創設当時から、仮想敵をロシアと定めていた。クックス博士に証言した一人でもある特務機関の元幹部、西原征夫は、後年、「全記録ハルビン特務機関　関東軍情報部の軌跡」（毎日新聞社、1980年）という本を書き残した。同書によれば、ロシアを相手とした本格的な諜報戦は、日清戦争の9年前にあたる1885（明治18）年、ウラジオストクに武官が駐在するようになったのが始まりだという。

南進するロシアと北進する日本は朝鮮の支配をめぐって敵対し、1904年に日露戦争が始まった。旅順攻防戦や日本海海戦などを制して日本は辛勝を収め、中国進出の足がかりを築いた。1910年に韓国を併合し、朝鮮半島を植民地とした。

その4年後に始まった第1次世界大戦は、戦車や飛行機、毒ガスなどの新たな兵器が使われ、最前線の兵士だけでなく、国民と国家の全体を巻き込む「総力戦」となった。ヨーロッパが主戦場だったが、石油や鉄鉱石などの天然資源に乏しい日本の軍部は、このままでは次の時代の覇権争いには生き残れないと、危機感を強めていった。一方、ロシアでは、1917年の社会主義革命でソビエト政権が生まれ、軍事力だけでなくイデオロギーの面でも、日本の新たな脅威となった。

日本はアメリカやイギリスの要請を受け、1918年8月から7年にわたり、誕生間もないソ連に軍事干渉をすべくシベリアへと出兵した。西原の著書によれば、これを受けて1919年2月、情報収集や政治工作を任務とする組織が、シベリアや中国東北部に編成されたという。同年8月にはこれらの組織は「特務機関」と呼ぶことに決められた。それまでこの呼称は、陸軍組織のうち師団や連隊といった戦闘部隊を指し示す「軍隊」、陸軍省や参謀本部をはじめとした官庁を意味する「官衙《かんが》」、士官学校のような「学校」の3区分に属さない、元帥府や侍従武官府などを指していた。だが、これ以降、特務機関の名称は、日本陸軍の情報機関を指し示す言葉として一般の人々にも知られるようになった。

傀儡国家「満州国」

シベリア出兵は不調に終わった。だが、ソ連と接する中国東北部の満州を「大日本帝国の生命線」ととらえ、自らの勢力圏に取り込むべきだとする世論は、軍部を中心に高まっていった。今から90年余り前の1931年9月18日、中国東北部の柳条湖で、南満州鉄道の線路が爆破された。現地に駐屯していた日本陸軍所属の関東軍は、「中国側のしわざだ」と軍事行動を進め、全満州を占領する。しかし、この事件は日本側のでっちあげだった。

満州国皇帝・愛新覚羅溥儀。実態は関東軍の操り人形だった

関東軍は翌1932年3月、清朝最後の皇帝、溥儀《ふぎ》を担ぎ出し、新たな国家「満州国」を作った。

満州国は謀略で生まれ、日本が思うままにあやつった傀儡国家だった。

表向き、その政治組織は中央集権制の近代国家を前提としていた。中央政府は、立法機関である立法院、行政機関である国務院、司法機関としての法院、行政監察や会計検査を担う監察院からな

新京（現・長春）にあった関東軍司令部の庁舎。傀儡国家・満州国を支配する拠点だった＝1938年1月

る「四権分立」によって構成され、「ほとんどの立憲国家が採る三権分立よりも卓越した制度である」と強調された。だが、国家の根本的なありようを定めた憲法も、国籍の取得や喪失について規定した国籍法も、満州国ではその滅亡まで作られることはなかった。

官庁の管理職には、「満系」（漢族、満州族、モンゴル族）のポストが一定数割り当てられたが、実際は日本から派遣された「日系」官僚が組織を仕切っていた。そして、建国直後に溥儀と関東軍司令官の本庄繁との間で交わされた秘密協定により、その国防や治安維持は満州国の費用負担のもとで日本に委託され、鉄道、港湾、軍事施設などの建造まで含めて関東軍が意のままに立案し、行動することを可能としていた。仮想敵・ソ連と地続きで向かい合った満州国で、ソ連軍の動向をつかんで優位を得るため、関東軍は軍事や治安にま

国際色豊かなハルビンの繁華街として知られたキタイスカヤ街＝1929年

つわる情報を入手するネットワークの整備に力を入れた。その足元で暗躍していたのは、関東軍の特務機関が動かすスパイたちだった。

一方でソ連もまた、満州国でひそかに情報の網を張り巡らせていた。両者は激しい諜報戦を繰り広げることになる。

極東のパリ

中国東北部のほぼ真ん中に位置するハルビンは、「極東のパリ」と呼ばれていた。

目抜き通りにヨーロッパ風の建築が立ち並ぶ街並みは、ロシアが1800年代末、この地に作った中東鉄道（東清鉄道）の拠点として開発された。

物資や兵力の輸送を支える鉄道は、欧米列強が大陸

帝政ロシア時代の衣装をまとったハルビンのダンサーら。「満州国内で7万人」と特務機関員らが語るロシア人らは、様々な生業に就いていた＝1932年7月

に植民地を築く際の重要なインフラだった。日露戦争にからくも勝利を収めた日本は、中東鉄道のうち新京（現・長春）より南側の路線の割譲を受け、大陸進出の足がかりとした。この鉄路の経営を担うために設立されたのが、国策会社「南満州鉄道株式会社」（満鉄）だった。

満州国が作られると、関東軍の特務機関は中東鉄道の従業員に圧力を強めた。

麻田雅文・成城大学教授の著書「中東鉄道経営史 ロシアと『満洲』1896―1935」（2012年、名古屋大学出版会）によれば、建国直後の1932年4月、ハルビンの北側を流れる松花江の橋梁を爆破しようとした計画に関与した容疑で、ロシア人社員ら9人が逮捕された。翌年9月には、中東鉄道の車両をソ連に引き込んだとして、車両部長、列車部長、工場長など、要職を占める幹部ら6人が逮捕されている。1934年10月1日までにソ連側の167人が逮捕され、そのほとんどが中東鉄道の社員だったという。

その一方、東京では中東鉄道の売却交渉が進んでいた。社員の大量逮捕は、日本と満州国の側が売却交渉を有利に進めるための謀略だったことが分かっている。

「最初の言い値6億2500万円を1億4千万円まで値下げさせるために、従業員人質政策がどれだけ役立ったかは、読者各位の推量にお任せする。この謀略は武力を用いず、法律を使ったソフトなものであった」と戦後、満州国司法部の幹部だった武藤富男は著書で打ち明けた。

そんな経緯を経て1935年には、中東鉄道の残りの路線も満州国へ売却されることになった。

これで鉄道利権に絡む中国東北部の主導権争いは、日本側の優位が確定したはずだった。

「いずれただでいただきます」

中東鉄道の売却が決まると、ソ連側の鉄道社員らはハルビンを去る準備を始めた。

特務機関員として、鉄道従業員の雇用にあたった入村松一《にゅうむらひさかず》は、「お前たちは長い間ここで働いていて、帰るのは残念だろう」と、彼らに声をかけた。

中東鉄道をロシアが満州国に譲渡する協定の調印式が東京で開かれたのに呼応して、ハルビンでは同鉄道の接収式が開かれた＝1935年3月23日

「『ソ連にとっては、満州の一番大事な骨じゃないかと。それを置いて帰るのは完全なあなたの敗北ですね』と。『残念でしょう』とね」

根拠の薄弱な大量逮捕をはじめ、従業員たちに露骨な圧迫を繰り返したうえでのずいぶん嫌みな言い方だった。だが、意外な答えが返ってくる。

「ノーノーってね。『いずれただでいただきますから』とか。『遅かれ早かれ、ただでいただきます』と」

いずれこの鉄道をソ連軍が奪い返すだろうと、彼らは自信を持っていた。複数のロシア人が同じように答えたという。なぜ彼らは強気だったのか。

ハルビンはもともとロシアが築いた街だ。加えて、1917年の社会主義革命を機に、帝政ロシアの元貴族など多数の反革命派が故郷を逃れ、満州へ亡命してきた。共産党を信奉する〝赤系〟との対比で、

中東鉄道が満州国に買収され、ソ連へ引き揚げる同鉄道職員ら。軌間がロシアゲージの広軌1524ミリだったため、買収後に突貫工事で南満州鉄道と同じ標準軌1435ミリに改軌された＝1935年

彼らは〝白系ロシア人〟と呼ばれた。白系、赤系、あるいはそのどちらかを偽装したいわく付きの人物など、実は満州国のロシア系住民は約7万人にのぼっていたという。

「ソ連側は7万人のスパイを持っとったと言うことができる。日本軍は向こうには一人も持ってなかった」と、入村は振り返った。

網の目のように各地に暮らす7万人が、ソ連当局の味方になり得るという現実に、特務機関は直面したのだった。

チョークのささやき

故国へ帰って行った元社員らに代わり、買収後の中東鉄道に雇われたロシア系従業員は、約1500

人にのぼった。

その雇用にあたっては、身元を厳重に調べたつもりだった。だが、「その中に200人くらいのそういうスパイがいましたけどね」と、入村は打ち明けた。

彼らはソ連の〝目〟となり、関東軍の動きを監視した。いくら厳重に見張っていても、路線を往来する貨物列車の貨車には、チョークで輸送品目を示す記号が付けられた。ニワトリ、兵隊、自動車、食糧……。積み荷の品目を示す、日本側には読み取れないような印がチョークで付けられ、それは広大な沿線のどこかで読み取られていた。

「この新京の南の方から日本の軍隊を輸送する列車でどんどん輸送されるでしょ。その列車の箱一つ一つにチョークで、この車両の中には何が入ってるという印が。ソ連のスパイが付けるんですよ」「だから、ソ連軍は、ソ連側は日本軍がどれだけ来てるか、何を運んで来てるかということはほとんど知っておったと思います」

いくら見張っていても、貨車にチョークで印を付けた人物を捕まえることは、結局、最後までできなかったという。

スパイか否かを見極める調査に万全を期すため、入村は中東鉄道の社員を雇うにあたって、長いつき合いを経て有能かつ信頼可能とみたロシア人に協力を仰いでいた。だが、仲間と信じ込んでいたそのロシア人まで、実はスパイだった。

「戦争が終わった時に、向こうのスパイだということがはっきり分かった。その人は私と10年間兄弟のような仲になった。一緒にもう、本当に親しく暮らした。仲が良い友達だったのに、分からなかった。そうですよ。名前は覚えてますし、今もどこにいるかは分かるけどもね、まあ言わない方がいいね……」

中東鉄道の買収から満州国の崩壊までに限っても、結局10年もの間、情報漏れを防げないまま、関東軍はソ連に対する戦略を練り続けたことになる。

第2章● 続発する国境紛争

ソ連は計画経済のもとで重工業と軍事力を急速に発展させ、それに連動するかのように満州国の国境で小競り合いが増えた。特務機関は情報収集に力を入れながら、時には相手を威嚇したり、おとしめたりするために謀略をめぐらせていた実態が、証言録音に残されている。1937年7月7日、盧溝橋事件が起きた。かつて満州事変の立役者だった軍略家は、泥沼の長期戦を危惧して収束に力を尽くした。だが、その努力もむなしく、紛争は戦争へと拡大していった。一方、満州国東部の国境の丘陵地帯ではソ連軍との戦闘が勃発した。

緊張高まる国境へ

１９３５年3月16日、アドルフ・ヒトラー率いるドイツは、第1次世界大戦の敗北によって課せられた軍備制限条項を一方的に廃棄し、再軍備を宣言した。中東鉄道の売却は、ちょうど同じ時期の3月23日のことだった。売却から6日後の3月29日、ソ連のヨシフ・スターリンは当時イギリスの閣僚だったアンソニー・イーデン（後の首相）との会見でこのことに触れた。

スターリンは、「敵は日本とドイツだ」と明言し、満州国については「日本がそれだけの征服に満足しておとなしくしてはいないものと信じている」とし、中東鉄道の売却も「まだ極東の平和を保証するには十分ではない」と語っている。

革命後の混乱から国力が回復していなかった１９２０年代後半〜１９３０年代前半には、ソ連は繰り返し、日本に不可侵条約の締結を打診した。この時期の日本の対ソ外交は、ほかの時期と比べるとまだ親和的だった。広田弘毅外相の主導による中東鉄道の買収も、その流れの一つと言える。

だが、主に陸軍の反対で日本は不可侵条約を拒否した。それもあってソ連が１９２８年から第1次5カ年計画を、さらに１９３３年から第2次5カ年計画を実行し、重工業と軍備を急速

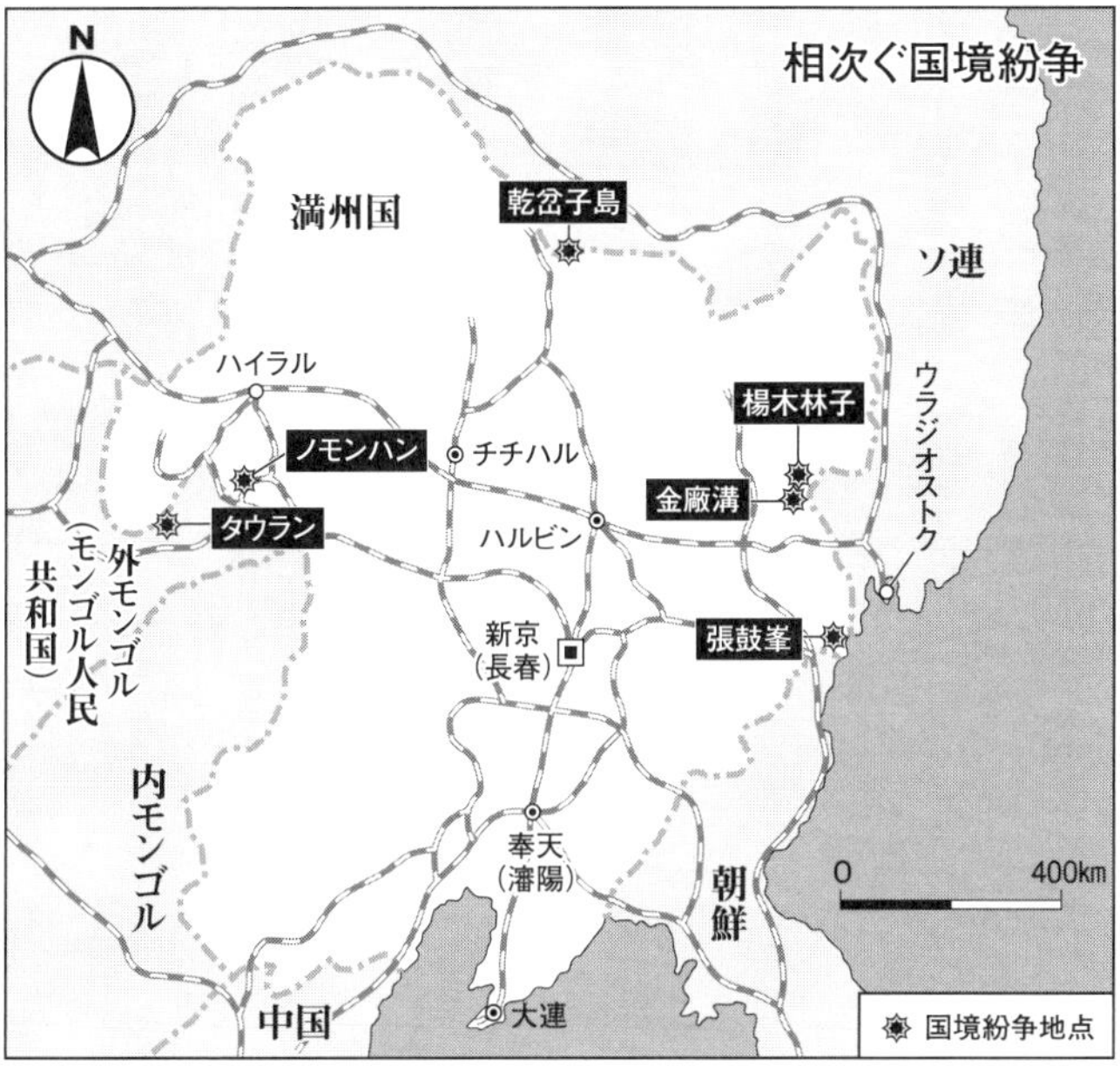

に充実させると、日ソ間の緊張は高まっていった。日本の特務機関の将校らは、その変化をリアルタイムにかぎ取っていた。

この時期はモスクワに駐在していた前述のロシア通将校は、「確か（1935年）4月の終わりごろだと思いますけどね、多分。そのころからが、今度はドイツと日本に対するソ連の悪宣伝が、目立って強くなった」と振り返る。

1935年6月3日には、満州国東部のソ連との国境付近に位置する楊木林子で、一帯を偵察中だった日本軍兵士ら11人がソ連の国境警備隊

6人と銃撃戦になり、ソ連兵一人が射殺される「楊木林子事件」が起きた。公刊戦史はこの事件を、「国境において日ソ兵が銃火を交え、かつ血を見た始まり」と位置づけている。1936年1月30日には、やはり東部国境の金廠溝で、集団脱走した満州国軍の士官と兵士らを関東軍の部隊が追跡し、その途中でソ連軍と銃撃戦となってソ連側に死傷者を出す「金廠溝事件」が起きた。

それまでは小競り合いに終始していた満ソ国境の紛争は、このころから、軍事衝突の様相を強めていった。

国境紛争の激化

さきに挙げた西原征夫の著書『全記録ハルビン特務機関』によれば、1932年からの3年間に発生した満ソ国境の紛争は、計152件だったという。平均して年間50件に相当する。これが1935年からの2年間には計328件に達した。年間で160件余と、実に3倍以上の急増を示している。

1936年3月29日〜4月1日、今度は西部のモンゴルとの国境に面したタウラン地区で国境紛争が起きた。関東軍と満州国軍からなる偵察部隊が、モンゴル軍のソ連製戦闘機や同装甲車と交戦し、日本側に死者13人を出した「タウラン事件」だ。

日本陸軍きっての〝モンゴル通〟として知られていた元大佐の矢野光二《みつじ》は、この戦闘に加わっていた。「日本軍、負けちゃったんです」と前置きして、クックス博士に事件の概要を語っている。

証言によれば、当時まだ大尉だった矢野は、機械化部隊の情報係として一帯の地理の調査に携わっていたようだ。「この辺の地形の偵察から何から、全部自分がやっておった」と言う。

タウラン地区は、現地では「七つの凹地」を意味する「アドイックドロン」と呼ばれていた。その凹地だらけの一帯で、軽装甲車などで編成された偵察部隊は、戦闘機12機、装甲車12〜13台からなるモンゴル軍と遭遇し、戦闘となった。日本側は地上からの機関銃射撃でモンゴル軍の戦闘機に損害を与えたが、凹地の死角で味方の装甲車2台が動けなくなったことに気付かず、この2台がモンゴル軍の装甲車に包囲された。

「向こうの装甲自動車は、37ミリの大砲を持っているわけです。……こっちがライトマシンガンで撃っても、はね返っちゃう」

モンゴル軍の装甲車が発した砲弾は日本の軽装甲車を貫通し、1台が炎上した。「戸を閉めていたから、中で焼け死んでいました。それから、1台は、小隊長が飛び出していって戦死して、乗っていた操縦士は飛び出して捕虜になった」

モンゴル軍は日本側の11人の遺体を持ち帰り、捕虜も連行していった。

駐在武官、ソ連機関紙の記事に怒り

1924年11月に建国されたモンゴル人民共和国は、ソ連に次いで世界で2番目にできた社会主義国家だった。両国は1936年3月に相互援助議定書に調印し、軍事的な協力関係をうたった。だが実態は、モンゴルはソ連の指揮下にある衛星国家だった。

劣勢のまま終わったタウラン事件の交戦相手はモンゴル軍だが、後ろにソ連がいる。そのため事件の処理には、モスクワに駐在していた陸軍武官らが関わることになった。戦前・戦中の日本陸海軍は、欧米などの主要国に駐在武官を置いていた。彼らは外務省の命令系統には入らず、陸軍参謀本部や海軍軍令部の指揮下で軍事情報の収集や交換を担っていた。

その時期、モスクワの駐在武官は秦彦三郎大佐だった。秦は1936年3月2日に発令された定期異動で東京・陸軍省新聞班長への配転が決まっていたが、モスクワからの離任が遅れて

陸軍省新聞班長に着任した秦彦三郎大佐。駐ソ連大使館付武官も務め、陸軍有数の〝ロシア通〟として知られた＝1936年

いた。そこにタウラン事件が起きた。

さきに登場したロシア通の将校は当時、モスクワ駐在の武官補佐官だった。少佐になる直前の大尉で、秦の腹心の部下を自任していた。ソ連当局が仕掛けるハニートラップへの対抗策として、「二人の女性と3度以上つき合わないこと」を彼に命じたのも、秦だった。証言録音には、タウラン事件の背景をめぐって知られざる逸話が語られていた。

秦は酒豪で、毎晩のようにこの将校や秘書官を相手に酒盛りをした。ウイスキーが好きで、一晩にジョニーウォーカーを瓶の半分ほど空けてしまうのが常だったという。

事件直後のある晩、秦はいつものように酒を飲みながら、ソ連共産党の機関紙「プラウダ」の記事のことを怒った。

記事は、タウラン事件の背景を解説していた。日本のモスクワ駐在武官——秦のこと——が、前年秋に一時帰国した際、参謀本部に「ソ連は、今は戦争する力はないと思われる」と報告し、国境沿いの戦略地点をできるだけ占領してしまうよう進言したのが、ことの起こりだと述べていた。

日本側が劣勢に終わった偶発的な衝突を意図的な戦略の一環と宣伝したうえ、自分がその発案者に仕立てられたことが気に障ったらしい。

「ソ連政府はけしからんことをやる。こんなことを言うならば、俺たちは全部、モスクワから引き揚げる。だから今から12時間以内に武官室を引き払う。準備をせよ……」

ジョニーウォーカーをあおりながら、秦は言った。

秘密書類を焼却せよ

「秦さんもだいぶ酔っぱらって言ったんだからと思って、僕ら（自分と秘書官）２人とも本当（本気）にしないで……自分のアパートに帰ったんです」と、ロシア通将校はその晩のことを回想した。帰宅は夜半ごろだったという。

だが、午前2時過ぎ、秦から電話がかかってきた。

「12時間以内に出発しろと言ったのに、ちっとも君はやってないじゃないか。なぜに僕の言うこと、命令を聞かないんだ」と、秦は厳しく叱った。

将校は驚いて起き出すと秘書官に電話して2人で職場へ駆けつけ、重要書類の焼却を始めた。午前3時過ぎに武官室に明かりがつき、ペチカの煙突からもうもうと黒煙があがるのが、建物の外から24時間監視している私服の国家保安部員らの知るところとなった。暗号書を除いたすべての書類の焼却が終わったのは、午前9時ごろだったという。

やがて秦は、何事もなかったかのような涼しい顔をして起き出してきた。目を真っ赤にしながら徹夜で書類を焼いた2人に向かい、「よくやってくれた。これで目的を達した」と、ねぎらいの言葉をかけた。秦が言うには、「12時間以内に撤退しろ」という電話を当局はまちがいなく盗聴していただろう、指示通り2人が職場へ駆けつけ、書類の焼却を始めたのを、彼らは実際に目の当たりにしたはずだった。

駐在武官を本国に引き揚げさせることは、本格的な戦争への準備と受け取れる。タウラン事件の対処にあたって日本陸軍は並々ならぬ覚悟を抱いていることを、ソ連当局にみせつける意図があった。ソ連側の宣伝を逆手にとり、相手を脅しにかかった策略だった。

「事件を早く収める秦さんの腹芸というんですかね。やはり芝居ですね、芝居。……（自分も秘書官も）すっかり秦さんにだまされちゃったんです」と、この将校は語った。

事件の処理は、6月30日に捕虜の交換が実現し、9月30日にはモンゴル軍が現場から持ち去った日本側の戦死者11人の遺体も引き渡された。「事件がわりと簡単に収まった原因が(全部)そこにあるとは思わないが」と前置きしながら、将校は「でも、これはたしかにタウラン事件の後始末に影響を持っています」と、振り返った。

赤軍首脳と一触即発

秦の離任時の動きは、当時の新聞報道で追うことができる。

1936年4月29日付の東京朝日新聞や同年5月14日付(13日発行)の大阪朝日新聞夕刊などによれば、秦は4月27日にモスクワを出発。シベリア鉄道を東進してウラジオストクから欧亜連絡船で福井県の敦賀港に入ったのが、5月13日の午前6時半だった。同9時20分敦賀港駅発の国際列車に乗り、同日午後7時45分、東京駅に到着したという。ヨーロッパと東京を結ぶこれらの路線は当時、「日満欧亜連絡列車」と呼ばれ、現在は国内の路線と認識されている敦賀―東京間も、〝国際列車〟と当時の新聞には表記されていた。

満州事変を契機に、軍部の報道統制は強まっていた。自分たちの生殺与奪を以後握ることになる〝ロシア通〟新聞班長の動向は、新聞社にとって関心の的だった。東京へ向かう国際列車には記者が同乗し、車内で秦にインタビューした。14日付の東京朝日新聞に、秦の談話が800字以上にわたって掲載された。

談話によると、4月22日夜、秦の離任にあたってソ連軍首脳を招いた晩餐会が在モスクワ日本大使館で開かれたという。国防人民委員（国防相に相当）のクリメント・ヴォロシーロフ元帥、参謀総長のアレクサンドル・エゴロフ元帥（後年、粛清により処刑）、コサック兵から栄達を重ねて騎兵総監になったセミョーン・ブジョーンヌイ元帥らを筆頭に、赤軍の最高首脳約10人が顔を連ねた。

「日本大使館の宴会にソビエト軍部首脳部が出席するのは初めてだったので、いろいろと歓談が遂げられ……全く打ち解けて話し合ったものだ」と秦は語った。

だが、前述の将校の証言によれば、この宴席で一触即発の場面があったという。その引き金になりかけたのは、秦本人の発言だった。

「国境で酒盛りしよう」

盛大な宴会の食事が終わり、一同がサロンに移ってコニャックを飲んでいる時のことだったという。ロシア通将校がエゴロフと話しているところに、かなり酔っぱらった秦が寄ってきた。2人の脇には、ヴォロシーロフとブジョーンヌイも座っていた。

「どうもこのごろ、満州とソ連との国境で、国境事件が多くて困る」と、秦はヴォロシーロフに話しかけた。「それで私は……」と、秦は続けた。

「帰国したら陸軍大臣の寺内（寿一）に電話し、国境にいる日本軍の兵には全員、日本酒の一合瓶をポケットに入れさせるよう、命令を出させようと思う。だからヴォロシーロフ元帥は、国境の警備兵に全部、ウォッカの小瓶をポケットに入れるよう命令を出してほしい。そして、もし両方の兵が国境で出会ったら、この瓶を振り合って、両方で酒を飲んで。そうしたら国境事件は起こらんだろう」

パーティー・ジョークのつもりだったが、ヴォロシーロフには通じなかった。「秦君。国境というものはそんなもんじゃないよ……」と、彼は真顔で反論した。

「我々は、他人の領土は一寸も欲しくない、我々の領土は一歩も譲らないということで、固く国境兵を教育した。だから、もしも国境線を越えたならば、撃ち殺されても仕方がないんだ。こちらが日本、満州の方に越えたならば、撃ち殺されても仕方がないし、日本兵がこちらに越してきたならば、こちらが撃ち殺してもいいんだ」

本人は冷静に公的見解を述べたが、脇にいたブジョーンヌイが興奮し始めた。怒気もあらわに秦の方に身を乗り出し、自慢の大きなひげが逆立ってきたという。

場は静まりかえってしまった。将校は「なんとかして国境の雰囲気を和らげる方法を講じようじゃないかという意味を、酒にたとえて言っているんだ」と一生懸命に取りなし、やっと空気が和んだという。島国の日本と大陸国家のソ連、国境というものに対するシビアさの違いを際立たせる出来事だった。

満州事変の立役者

この時期、東京・参謀本部の作戦課長は石原莞爾だった。

山形県鶴岡市の出身。戦術・戦略家として頭角を現し、1928年8月、関東軍の作戦主任参謀に着任した。1931年9月18日、奉天（現・瀋陽）郊外の南満州鉄道の線路で爆破事件

石原莞爾が取り仕切った満州国の建国会議に、関東軍の幹部と軍閥の有力者らが集まった。石原莞爾は後列中央（右から６人目）。前列は右から臧式毅、熙洽、関東軍司令官の本庄繁（中央）、張景恵、馬占山＝1932年２月16日、奉天（現・瀋陽）の関東軍司令官室

が起きると、参謀本部の制止を振り切って軍事行動を拡大し、わずか半年足らずの間に満州国の〝建国〟を主導した。だが、発端の鉄道爆破は、関東軍の謀略による自作自演だった。

その彼が作戦課長になったのは、1935年8月。着任早々、作戦課の大金庫に秘蔵された機密書類を見せられ、極東ソ連軍と在満日本軍の兵力差に愕然としたという。第1次、第2次の5カ年計画で急激な重工業化を達成したソ連は、極東の地上兵力で10対3、航空力で10対2・3と、すでに日本を大きく上回っていた。

翌月、石原は杉山元《はじめ》・参謀次長あてに意見書を提出した。「ソ連の極東攻勢を断念させるのが『昭和維新』の第一歩」と述べ、空軍と機械化部隊に力点を置いた満州国の兵力増強と、軍

需生産力の拡充をうたった内容だった。

満州事変の〝立役者〟として、石原は陸軍中枢で辣腕をふるった。1936年に起きた2・26事件では、動揺する幹部らに反乱軍の「断固討伐」を主張し、鎮圧の先頭に立った。同年6月には、新設された戦争指導課の課長となり、そして1937年3月には、第一（作戦）部長に昇任した。

石原は、大日本帝国が近未来に立ち向かうであろう「世界最終戦争」の相手は、アメリカだとみていた。そのためにも満州国の資源開発や工業力を伸ばし、最後の総力戦に備えるべきだと一貫して主張した。

石原の献策を受けて策定作業が始まった「満州産業開発5カ年計画」は、彼が作戦部長になった同じ時期に始動した。5年間で、銑鉄の生産を3倍に、鋼材を3・7倍に、石炭を2倍に、兵器を5倍に増大させるという壮大な計画だった。そんなさなかにソ連や中国と紛争を起こせば、満州国の発展、ひいては日本の国防力の充実に重大な支障をきたすというのが、石原の立場だった。

だが、中国で蔣介石の率いる国民政府が求心力を強め、人々の間に反日意識が高まっていた。公刊戦史は、そのころの日中関係を「爆発寸前の状況」と表現している。石原の反対をよそに、参謀本部で対中強硬論を唱える意見が力を増していた。

「この事件は不拡大」

石原が作戦部長になって3カ月が経った1937年6月19日、満州国北部のソ連との国境を流れる黒竜江で、中州の島の帰属をめぐる紛争が起きた。島の名前をとって「乾岔子（カンチャーズ）島事件」と呼ばれる。

彼がどう対応したか、その頃に参謀本部作戦班員だった今岡豊がクックス博士に証言している。

今岡によれば、事件の第一報が届いた時、作戦課の主軸を担う主任参謀は、海軍と合同で泊まり込みの机上演習の最中だった。たまたま視察でその場に居合わせた石原は、事件の概要を聞くと、すぐに「この事件は不拡大。続けて演習をやれ」と指示し、主任を作戦課に戻らせなかったという。

公刊戦史が事件の経緯を記している。差し渡し3～4キロほどの乾岔子島に19日、ソ連兵約20人が上陸し、島にいた満州国側の住民らに退去を命じたのがことの起こりだった。23日にはソ連の艦船十数隻が付近の航路を封鎖。これに対し、関東軍は最寄りの師団を出動させて強硬姿勢を示そうとしたが、参謀本部は武力行使の中止を要求した。だが、これと行き違いの形で30日には偶発的な撃ち合いが起き、日本軍が相手の艦船を1隻撃沈した。

「ソ連黒竜江艦隊／一隻を撃沈す」。この日夕方、大阪朝日新聞は号外を発行した。

実際は、沈められたのは小型艇だった。一触即発のにらみ合いになったが、ソ連側もそれ以上は事態を拡大しなかった。モスクワで外交交渉を続けた結果、ソ連国防人民委員部は7月2日、乾岔子島とその一帯に展開した兵力と艦船の撤収に応じた。石原が最初に言った通り、事態は4日ごろまでに外交路線で収束した。

今岡は「乾岔子の方はもう先を見通しとったんですね」と、瞬時に展開を見切った彼の先見の明を評した。

だが、その3日後、日本の国運の分かれ目がやってきた。

3発の実弾

盧溝橋は、北平（現・北京）の中心から南西へ約15キロの郊外、永定河（旧名・盧溝）にか

北平(北京)市街と盧溝橋

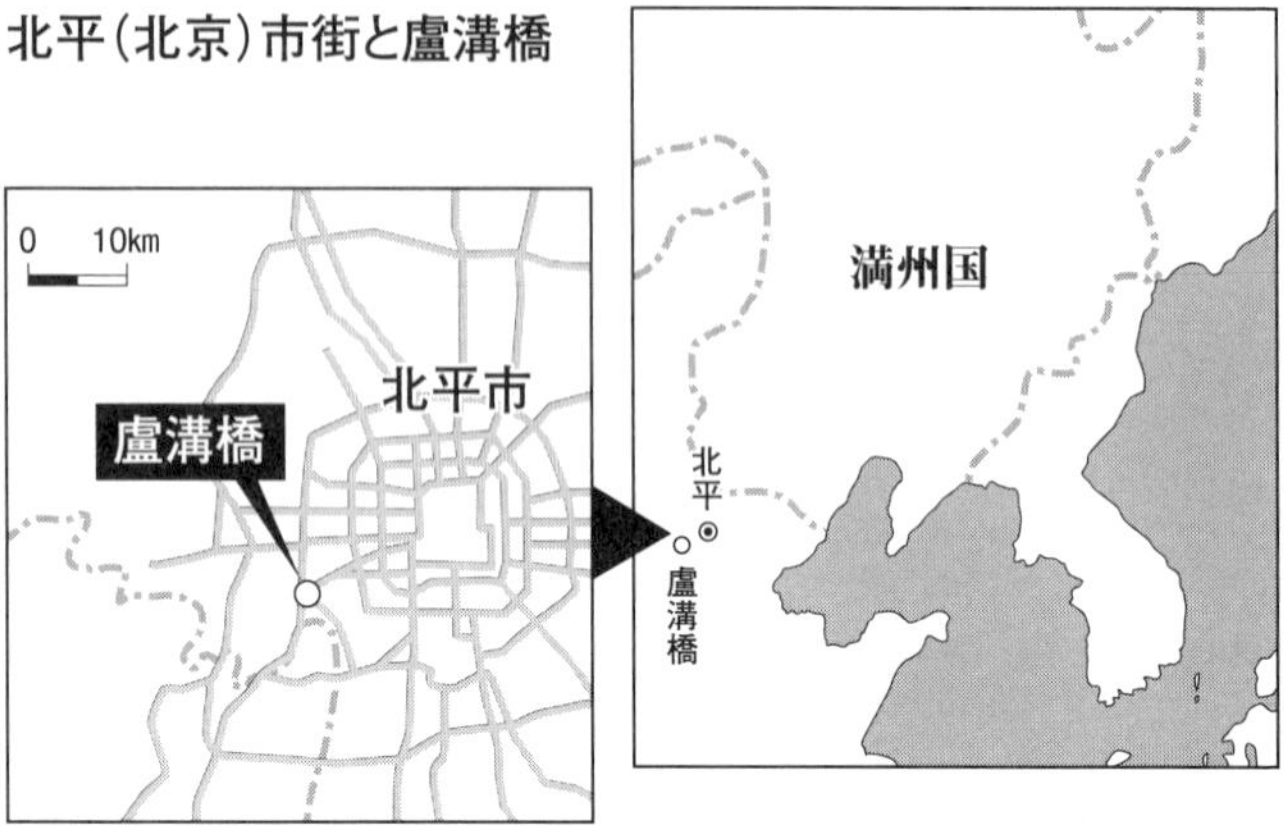

けられた全長約266メートルの石造りのアーチ橋だ。金王朝の1192年に完成し、両側の欄干には約500体に及ぶ獅子の石像が並んでいる。1275年ごろにこの地を訪れたマルコ・ポーロがそのみごとさを著書「東方見聞録」に書き残したことから、欧米では〝マルコ・ポーロ橋〟とも呼ばれている。

1937年7月7日夜、現地に駐屯中の日本軍が盧溝橋付近で夜間演習を敢行した。日本軍は1935年ごろから、中国・華北地方に傀儡政権を作って国民党政府の影響力を弱める「華北分離工作」を繰り広げ、ナショナリズムが高まりをみせていた現地住民らの反発を強めていた。日本で皇居から南西へ15キロといえば、多摩川の河川敷あたりに相当する。そこへ中国軍がやって来て夜間演習を始めたようなものだ。

午後10時40分ごろ、演習中の部隊に向けて実弾3発が撃ち込まれた。それをきっかけに、近くにいた国民党政府軍の部隊との間で戦闘が起きた。いわゆる「盧溝橋事件」だ。

武力衝突の発生はすぐに電報で東京・参謀本部へ伝えられ、夜中のうちに幹部らは緊急の呼び出しを受け、対応を協議した。今岡の証言によれば、石原は8日朝、作戦課の部屋へやって来て課員全員を集め、「この事件はとっても大事な事件だ」と訓示した。不測の事態に備え、「お前らはもう今日からもう死んだような気で、泊まり込みで」対応にあたるよう指示したという。さきの乾岔子島事件の折とは、打って変わった対応だった。

石原はこの事件も収束させる方針だった。だが、今岡は「不拡大であるけれども、どうなるか分からんと……、非常に石原さんは心配をしておられたんだろうと思います」「消耗戦になるのを非常に石原さんは恐れていた」と振り返る。

北平（現・北京）の南西部、永定河にかかる盧溝橋＝1937年７月

偶発的な戦闘を経て盧溝橋を占拠した日本軍＝1937年７月８日

参謀本部の意思決定は、石原の不安を裏付ける方向へ動いた。

拡大派の巻き返し

山形県鶴岡市の歴史家、阿部博行による評伝「石原莞爾　生涯とその時代」（法政大学出版局、2005年）は、石原が作戦課員らに訓示した後の参謀本部内外の動きを描いている。

同書によれば、石原は部長室に寝台を持ち込ませ、自分も泊まり込みで対応にあたった。だが、当時の作戦課長は、事態の拡大を主張する側の筆頭とされた、武藤章（後に東京裁判で死刑判決）だった。武藤は事件の発生を知ると「愉快なことが起こったね」と、石原の後任にあたる戦争指導課長に電話したという。

武藤章＝1939年7月15日、日英東京会談で

石原は武藤を説得した。「戦端を開けば長期戦となり、泥沼に陥る。戦争は避けなければならない」と説く石原の話を、武藤は渋い顔をして聞いていた。

参謀本部や陸軍省の幹部で、石原に同調するのは少数だった。

石原が現地の司令部に電話して不拡大の方針を伝えると、石原が電話口を去った後に急進派の将校が現地の参謀を電話で呼び出し、事態を拡大させるよう激励したという。

拡大派の巻き返しは、さらに激しくなった。

一度は参謀本部の各部長を説得して不拡大の方針を決定させた石原だったが、結局は押し切られる形で11日、現地へ3個師団を派兵する方針が決まった。「現地の在留邦人の保護」が主な理由だった。それを機に、現地軍の独断専行を中央で追認する形が繰り返され、戦線は泥沼化していった。

今岡はクックス博士への証言から20年後の1981年に出版した著書「石原莞爾の悲劇」（芙蓉書房）でも、盧溝橋事件の際に自分たちが受けた訓示のことに触れ、石原の不拡大方針は、この機に中国をたたこうとする「一撃論者にひきずられ」たため、貫徹できなかったと評している。

だが一方で、石原自身に遠因を求める見方がある。

下克上の果てに

石原と武藤の間には因縁があった。２人をよく知り、陸軍の良識派としても知られた元大将の今村均は、１９８０年に出版した回顧録にその詳細を明かした。

盧溝橋事件の前年の１９３６年10月、当時、戦争指導課長だった石原は、特命を帯びて満州国へ赴いた。謀略によって中国・内モンゴル地区に親日政権を作ろうとしていた関東軍に、参謀総長の意向として工作の中止を命じるためだった。その際の関東軍参謀は武藤だった。

関東軍参謀のころ、中国服姿の石原莞爾

石原が中央の命令に従うよう命じると、武藤は笑顔で「私はあなたが、満州事変で大活躍されました時分……よくあなたの行動を見ており、大いに感心したものです。そのあなたのされた行動を見習い、その通りを内蒙で、実行しているものです」と言い返した。同席していた青年参謀らはどっと笑った。

「石原は絶句した」と、今村は記す。

さらに5年前の満州事変では、今村が作戦課長で、石原を制止する立場だった。参謀本部から説得に訪れた今村に、石原は「腰ぬけの中央にたよっていては、満州問題は解決なんかできない」と言い放ったという。今村は、満州事変を自作自演した石原の独断専行は、「功さえたてれば、どんな下克上の行為を冒しても、やがてこれは賞され」るという気風を組織に生じさせ、「軍統帥の本質上に、大きな悪影響を及ぼした」と指摘する。

石原は1937年9月28日付で関東軍参謀副長に異動し、武藤も翌月末、中支方面軍参謀副長に転出させられた。

石原の評伝を執筆した阿部は「結局、盧溝橋事件への対応を機に、石原は参謀本部で孤立することになりました。彼の経歴は作戦部長がピークで、その後は陸軍の中枢で活躍することはありませんでした」と語る。「武藤を作戦課長に就けたのは石原でした。考えが違い、激論を繰り返しながらも、石原は武藤を認めていましたが、皮肉な巡り合わせでした」

張鼓峯事件

満州国とソ連、朝鮮は、朝鮮半島の付け根の東北側で縦長のY字形に接していた。1938

最寄りの鉄道駅だった洪儀駅付近から見た張鼓峯（中央）＝1938年8月8日

年7月、このＹ字の交差点の左上に位置する張鼓《ちょうこ》峯《ほう》という丘陵をめぐり、日本軍とソ連軍が国境紛争を起こした。「張鼓峯事件」と呼ばれている。

国境は張鼓峯を通る線か、その東側か。以前からソ連と日本の主張には食い違いがあったが、双方ともこの地域に注意を払わず、それまで衝突は起こらなかった。だが7月11日、ソ連兵ら十数人が張鼓峯に姿を現し、陣地を作り始めた。その前月、冒頭に述べたリュシコフの亡命事件がすぐ北の琿春で起き、ソ連の国境警備隊の幹部らが責任を問われて更迭されたことが、背景にあるとされる。

ソ連軍の張鼓峯での活動を、日本軍は国境侵犯とみなした。現地でソ連国境と接するのは満州国だったが、一帯の管轄は京城（現・ソウル）に司令部を置く朝鮮軍だった。

前年に始まった日中戦争は、泥沼化の様相をみせ始めていた。

そんな折にソ連と紛争を起こすのは絶対に避けるべきだというのが、朝鮮軍司令官の小磯国昭大将（後の首相）の考えだった。現場は河川と湖沼に囲まれた狭い丘陵地帯だ。ここを占領されても大兵力の運用に影響はないとして、小磯は当初、この事態を見過ごそうとした。だが、関東軍が再三にわたって強い警告の電報を小磯に送りつけ、朝鮮軍で現地の最寄りにいた第19師団が出撃の強い意向をみせると、武力行使の計画が動き始めた。

東京から朝鮮軍に作戦参謀が送り込まれた。それとは別に、関東軍も事態の動静を見届けるためと称し、独自に現地へ参謀の少佐2人を派遣した。タカ派として知られた作戦担当の辻政

小磯国昭＝1932年11月（当時は関東軍参謀長）

辻政信＝1940年代初頭（当時は中佐）

大越兼二＝1944年（遺族提供、当時は第18師団参謀長）

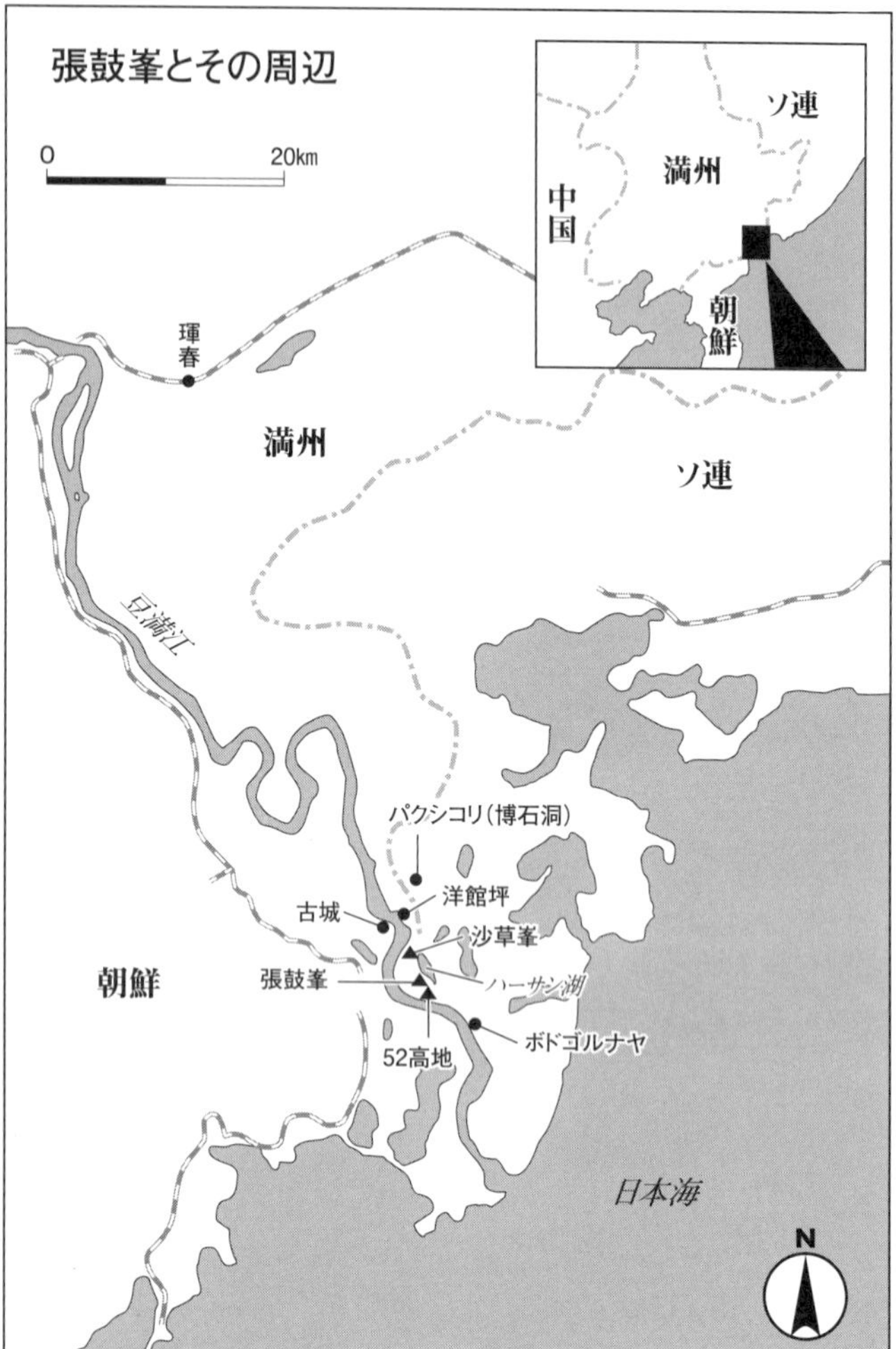

張鼓峯とその周辺。出典はクックス博士の「もう一つのノモンハン 張鼓峯事件　1938年の日ソ紛争の考察」（原書房、1998年）

信と、特務機関での活動が長い情報担当の大越兼二が、個別に現地へ向かった。露骨なおせっかいに、怒った小磯は「スパイどもをたたき出せ」と命じたという。

戦後、クックス博士の聞き取りに応じた大越は、現地で国境守備隊の施設に泊めてもらった際、隊長からそのことを打ち明けられたと語っている。「(あなたを)逮捕するわけにもいかんし、『弱りましたよ』って」と振り返った。

威力偵察

ソ連はこの時、中国戦線に手を焼いていた日本軍に本格的な紛争を仕掛けて「挟み撃ち」にするつもりだったのか。それとも、備えが手薄なところを突いて何らかの「戦果」を得るつもりだったのか。

クックス博士が「(ソ連は張鼓峯で)大規模に事件をお起こしになると思いましたか、それとも、限定されて……」と尋ねると、大越は「もちろん限定されてでした。引っかかったんですよ。こちらが」と、断定調で応じた。

博士の著書「張鼓峯事件」によれば、関東軍は1938年7月6日、ソ連軍で張鼓峯の最寄りの地区を所管する司令官が、ハバロフスクにあてた無線通信を傍受・解読していたという。新任の警備隊長による点数稼ぎと読み取れる通信には、「小部隊をもってハーサン湖西方にある未占領の一高地を確保すべきである」と、一帯の占領を意見具申したくだりがあった。

大越はこの文面に触れ、「プロボケーション（挑発）ですね」「それは当然、（日本側に）読まれることを予期しとったんですね。……それに1本取られたんですね、私たちは」と分析している。続けて「今度のキューバですよ」と、当時の世界情勢を引き合いに出しながら、日本軍が挑発に乗って戦力を消耗させられたとする見解を披露した。

このやりとりは1961年4月のこと。このころ、社会主義革命によって成立したキューバの新政権をソ連が支援し、アメリカは国交断絶などの措置をとって対立がエスカレートし始めていた。翌1962年秋、ソ連がさらに踏み込んでキューバにミサイルを供給すると、アメリカは海上封鎖で応じ、対立が核戦争の一歩手前までいく「キューバ危機」を引き起こすことになる。

参謀本部作戦課長などを歴任した稲田正純＝1945年初夏（当時は第16方面軍参謀長）

結局のところ、ソ連が張鼓峯に姿を現した真意ははっきりしない。だが、朝鮮軍や関東軍では大越と同様、限定的な地域紛争を仕掛けようとする「挑発」と受けとめる見方が多かった。一方、東京・大本営の作戦課長だった稲田正純は、紛争を企図しない「単なる国境要点の占拠」と判断したことを戦後、雑誌への寄稿で明かしている。張鼓峯の北側では国境の稜線を日本軍が押さえた地域もあるので、いわば「お互い様」だと彼は記した。「それほど大切なら事前から取っておくべきだった」と指摘し、「ほっておけと言う」小磯の態度を「固《もと》より当然の態度」と評価する。

だが、稲田には別の意図があった。「この限定地域に起こった事態を利用して対ソ威力偵察を試みた」のだという。

このころ、泥沼化していた中国戦線の打開を図るべく、内陸部の要衝・武漢を攻略する作戦が動き出そうとしていた。大規模作戦を前に、背後からソ連が軍事介入して満州国へ攻め込んでくることを警戒する意見が、陸軍首脳に多かったという。

「ソ連は決して出てこないという確証を示して殊に上司の人々に確信を持って戦争指導をやってもらいたい。それには張鼓峯はいいチャンスではないか」「機甲兵団の運用に不便な、こんなところで決定的の戦闘が行われるはずはないのである」と、稲田は当時の自分の考えを明かした。

現場と中央とで見立ては違いながらも、強行策という点で方針は奇妙に一致した。

つじつま合わせ

そんな見解の一致を経て7月16日、張鼓峯の近くに兵力を集中して武力行使に備えようとする命令が、大本営から第19師団に発せられた。局地戦にとどめるため、国境外への積極的な行動は一切禁止し、航空兵力も全く使わないという条件が付された。20日には攻撃準備が完了した。

陸相だったころの板垣征四郎＝1939年8月

だが、昭和天皇は当初、攻撃を厳禁した。

20日夕刻、皇居へ参内して攻撃の裁可を求めたのは、陸相の板垣征四郎だった。満州事変の時の関東軍高級参謀で、石原莞爾と並ぶ事変の首謀者の一人だ。

この件でソ連への武力行使に反対していた天皇は、板垣の話しぶりに不審を感じたのだろう。元老・西園寺公望の私設秘書だった原田熊雄の回顧録「西園寺公と政局　第七巻　自昭和十三年六月至昭和十四年六月」（岩波書店、1952年）によれば、天皇は「元来陸軍のやり方はけしからん。満州事変の柳条湖の場合といい、今回の事件の最初の盧溝橋のやり方といい、中央の命令には全く服しないで、ただ出先の独断で、朕《ちん》の軍隊としてはあるまじきような卑劣な方法を用いるようなこともしばしばある。まことにけしからん話である」と述べ、「今後は朕の命令なくして一兵だも動かすことはならん」と、強い語気で命じたという。

板垣は恐懼《きょうく》しながら退出し、「状況ハ百八十度ノ転回ヲ来シ」たと、攻撃の断念を伝える電文が朝鮮軍に送られた。

第19師団長の尾高亀蔵＝1937年8月20日

だが29日、張鼓峯から2・5キロ北側に連なる沙草峯で、ソ連軍の兵士数人が彼らの主張する国境線を約350メートル越えて工事を始めると、第19師団の尾《すえ》高《たか》亀蔵師団長は、独断で武力による排除を命じた。29日夕方、同師団が送り込んだ数百の兵力が沙草峯を占領。30日深夜にはさらに増援された部隊が張鼓峯にも夜襲を仕掛け、激戦の末、31日朝にソ連軍を撃退した。報告は夜襲の後だった。

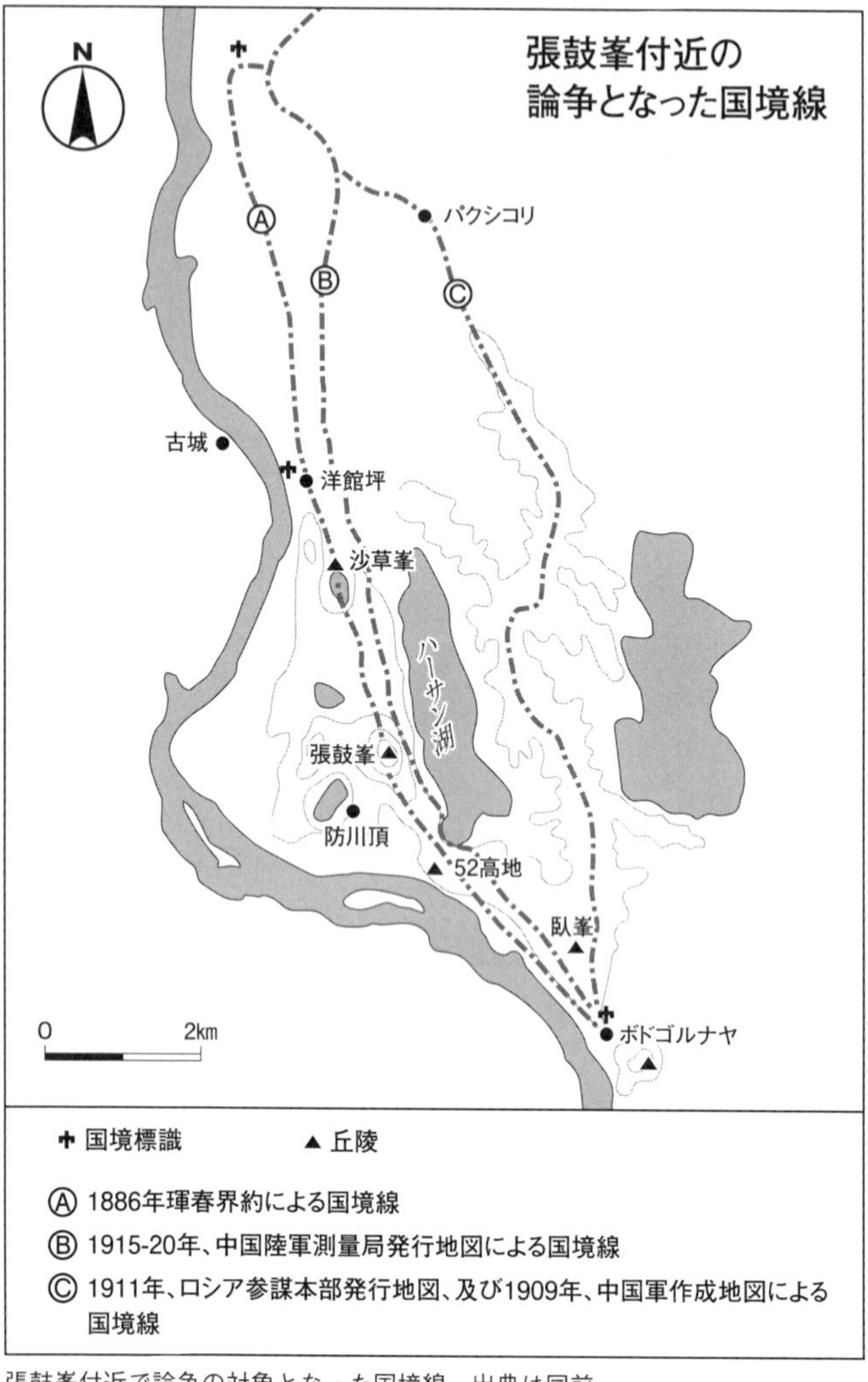

張鼓峯付近で論争の対象となった国境線。出典は同前

慌てた大本営は、クックス博士の言う「既成事実へのつじつま合わせ」を図った。「新たな不法越境」に対する自衛で、日本軍は一歩もソ連領内に侵入していない――。参謀次長の多田駿が31日午後5時、滞在中の葉山の御用邸を訪ねて恐る恐るそう報告すると、天皇は「起きたことは起きたことでやむを得ぬ」と述べ、むしろ満足げに日本側が主張する国境線の保持を命じたという。

頂上は守ったが

張鼓峯で戦闘は本格化した。「私が考えましたのは、どうして国際的にソ連の評判を悪くして、こっちの評判を良くするかということでした」と、大越はクックス博士に語った。

大越は朝鮮軍の情報参謀に電話し、「たくさん世界中の新聞記者が来ている。……みんな現地に行きたがっているんだ」と、外国メディアに最大限の便宜を図るよう勧めたという。彼の証言によれば、朝鮮軍は現地に近い羅津でホテルを借り上げて外国人記者を泊まらせ、バスを雇って前線付近まで送迎した。国際電報も日本軍の費用負担で自由に発信させた。ソ連軍機は報道陣のバスにも発砲したため「みんなが憤慨して、ソ連軍というのは実に軍規になっとらんと、日本軍はよろしいということになりまして」と言う。

航空機と戦車の投入を禁じられながら張鼓峯を守る日本軍に、ソ連軍はそれぞれ約3倍の兵士と砲門に加え、航空機約150機と戦車約200両を繰り出して反撃した。

8月6日からの攻勢は特に激しかった。南東斜面では頂上のすぐ近くまでソ連軍が進撃し、

ソ連軍機が越境して爆撃した鉄道沿線を視察する外国人記者団＝1938年8月4日

ソ連軍の攻撃で張鼓峯にあがる砲煙＝1938年8月

1938年8月11日のソ連との停戦直後、張鼓峯の頂上を確保した日本軍

頂上の争奪戦の兵力差は20倍に達していたとされる。日本軍の兵士らは手榴弾が十分にないため岩を投げながら突進したと、クックス博士は記す。昼間はソ連軍からの砲撃に白兵戦が続き、そして日没後は日本軍から失地の奪還を狙った夜襲が繰り返された。戦闘を続ける第19師団は壊滅の危機に瀕した。9日の時点で大隊長2人、中隊長は7人が戦死し、「少尉、中尉らに至っては全滅に近い状況」と、朝鮮軍は大本営と陸軍省に報告している。

モスクワでは停戦をめぐる外交折衝が続いた。10日深夜になって、現地時間の11日正午に停戦することで合意が成立した。交渉にあたった重光葵大使（後の外相）は、ソ連側が停戦に応じた理由を、彼らが「自分の国境だとこれまで主張していた線まで進出を果たしていたに違いない」と信じ込んでいたからだと述べている。だが、現地の日本軍は壊滅寸前ながら、張鼓峯の頂上を死守していた。

無視された教訓

停戦が実現した。公刊戦史によれば、張鼓峯事件で戦闘に参加した将兵は６９１４人。戦死者が５２６人、負傷者が９１４人で計１４４０人。死傷率は22％に達したという。頂上一帯の最前線に立った歩兵第75連隊は特に損耗が激しく、連隊にいた1379人のうち死傷者は計708人、実に51％に及んでいる。

朝鮮軍は、ソ連軍の死傷者を約4500人と発表した。

停戦後、ソ連軍当局は日本軍の夜襲の効果を率直に認め、全軍に夜間行動への習熟を強く要望したと、公刊戦史は記している。数日〜十数日間も連続で昼夜を入れ替えた訓練をするなどの徹底ぶりだったという。

張鼓峯事件の際、ソ連極東方面軍の司令官はワシリー・ブリュッヘル元帥だった。

大越は「ブリュッヘルをやっつけようと思いまして、僕は」と、打ち明け話をした。停戦から間もないころのこととみられる。大越が日本人記者に会見をした際、「終わってから、お茶を飲みながら、ブリュッヘルを褒めたんですよ」。ソ連側に伝わることを意識した芝居だった。「そうしましたら、2週間ぐらいしてからやられたんです」

ソ連ではスターリンによる粛清が続いていた。大越の〝褒め殺し〟の効果のほどは疑問ながら、ブリュッヘルは張鼓峯での失態の責任を問われて8月上旬に司令官を外され、逮捕・拷問の末に11月9日、獄死した。スターリンは翌年、蔣介石にあてた書簡で、「その好色によって敵の奸計に落ち、機密を漏洩し、規律を損なった」と、粛清の理由を説明している。中央の影響力を強化するため、広大な地域を所管する極東軍を二つに分割するなど、ソ連軍は抜本的な組織改編も実行した。

現地では、日ソ両軍がいったんは兵を引いたものの、間もなくソ連軍が再び姿を現し始め、翌年春までの間にトーチカ陣地を構築した。

一方、日本軍は事件後、10月8日付で一帯の管轄を朝鮮軍から関東軍に変更した。だが、ソ連軍の砲撃や機動部隊の実力を目の当たりにしながら、「わが方の戦訓利用は必ずしも熱意にあふれたものではなかった」と、公刊戦史は指摘する。

翌春、関東軍作戦参謀の辻政信は張鼓峯を偵察し、ソ連の実効支配を眼前にした。「張鼓峯事件は、かくして犯されたままで幕を閉じたのである」と、抱いた遺恨を戦後の著書に記している。

出先の指揮官による独断専行が既成事実化され、無理のしわ寄せは最前線が背負わされる。一方、意思決定者への責任追及はなおざりなまま。そんな日本軍の特性は、事件後も改められることはなかった。

第3章●ノモンハン事件、その舞台裏

1930年代の末、世界情勢は一触即発の度合いを強めていた。ヨーロッパでは勢力を伸ばしたナチスドイツがイギリスやフランス、ソ連と対立を深め、アジアでは日本が中国で長期戦にのめり込んでいた。そんななか、ユーラシア大陸の東西両端を結びつける紛争が、モンゴルで起きた。一方の主役は関東軍だった。「独断専行」と「既成事実化」で傀儡国家・満州国を作りあげた彼らは、ソ連との情報戦でも「現場軽視」と「見たいものだけを見る」体質を発揮し、そんな自覚はないまま第2次世界大戦のスイッチを押す役回りを演じた。

初めての近代戦

1939年5月11日、大草原が広がる満州国の西部、モンゴルとの国境に面したノモンハンという小さな集落の近くで、満州国軍警備隊とモンゴル軍騎兵部隊が、国境線をめぐって小競り合いを起こした。紛争はまたたく間に拡大し、日本・満州国の連合軍とソ連・モンゴル連合軍が率いる機械化部隊との大規模な戦闘に発展した。「ノモンハン事件」と呼ばれる。日本陸軍が初めて体験した本格的な近代戦だった。

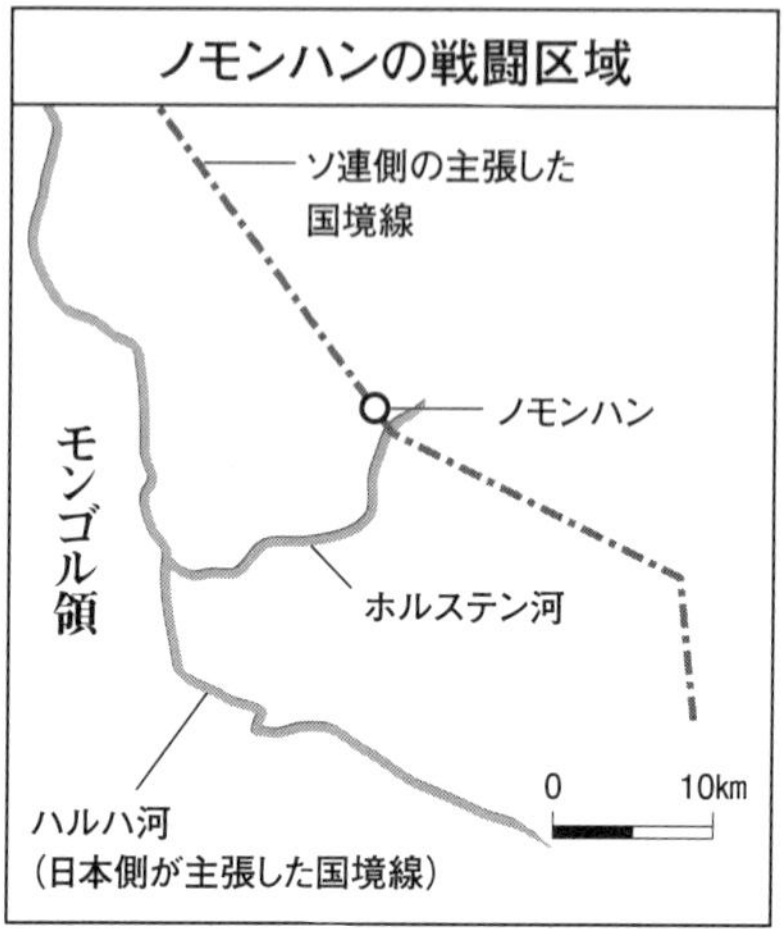

紛争の拡大には伏線があった。関東軍作戦参謀の辻政信らはその年の4月、「満『ソ』国境紛争処理要綱」を策定していた。日本側が主張する国境線を、軍事力を行使してでも守ることをうたった強硬な内容だった。前年の張鼓峯事件で大本営が示した不拡大方針に対する、関東軍側の強い不満が動機にあったとされる。

日本軍が布陣した「フイ高地」跡から望んだノモンハン戦跡。写真中央を流れるハルハ河の右側に見える高台にソ連軍が砲列を敷き、対岸に布陣した日本軍に大量の砲弾を撃ち込んだ＝2019年5月25日、永井靖二撮影

満州国の西部国境一帯を管轄していた第23師団は、この要綱に従い、装甲車や航空機でモンゴル軍を排除した。モンゴルに駐留していたソ連軍は、砲兵や装甲車を投入した。第23師団の捜索隊と第64連隊が5月28日、ソ連軍を挟み撃ちにしようとしたが、情報が共有されず、先着した捜索隊は包囲されて29日に壊滅した。

敵情の精査もしないまま関東軍は暴走を重ねた。ソ連軍は6月中旬、国境近くの貯蔵庫などを爆撃した。報復として辻らは7月初頭の大規模攻勢を立案する。「事態不拡大」を主張する東京の陸軍参謀本部は、関東軍が知らせずにいたモンゴル領内の爆撃計画を知って中止を求め、説得のため使者を送り込もうとした。だが、辻らは予定を早め、使者の到着を待たずに6月27日、モンゴル領内のソ連軍基地、タムスクとサンベースを爆撃した。

無許可の他国領攻撃に、参謀本部は激怒した。

「はなはだ遺憾」とする電報を送ったが、関東軍は「北辺の些事（ささいな出来事）」と返信した。陸相の板垣征四郎は辻の元上官だったこともあって対応が甘く、関東軍の独断専行が続いた。

その裏で、ハルビンに拠点を置く特務機関がソ連軍の情報を探っていた。

特殊なセンター

「私どもは、ハルビンに特殊なセンターを一つ持っていたんです」

前年の張鼓峯事件で関東軍から現地へ派遣された情報担当参謀の大越兼二は、ノモンハン事件の話になると、クックス博士にそう明かした。事件当時、ソ連国内の公衆無線電報を傍受・分析する任務に、連日約80人が投入されていたという。

「1日分でこんなになりますからね。こういうテープでもう何十本と来ますでしょ。それをタイプにたたいて、そこから必要なものをピックアップして情報に直していくんで、ちょっと相

通信傍受の拠点が置かれた満州電信電話株式会社ハルビン支社＝1937年

当の人数と金がかかっちゃいますね」。手間と費用はかかるが、「非常に助けになりました」と、大越は振り返った。

その「特殊なセンター」とは、どんな組織だったのか。証言者の一人でもある元関東軍参謀の西原征夫は、著書「全記録ハルビン特務機関」に短くつづっている。

表向きは特務機関とは別の組織だった。関東軍が満州電信電話株式会社に設立させた情報機関「東亜通信調査会」や、満鉄の「調査部北方班ハルビン分室」などが担当していたとだけ、同書にはある。西原がそこまでしか触れなかった通信傍受の内実を、大越はさらに踏み込んで具体的に語った。

外交や軍事に関わるソ連の通信は暗号化されていたが、一般向けの電報までは暗号化されていなかった。基地にいるソ連の軍人が、郷里の家族との連絡には公

満州事変当時のハルビン特務機関事務所＝1931年10月

衆無線電報を使っている実態を、特務機関はつかんでいた。その際、あて先は地名ではなく、ポスト番号と呼ばれる数字で指定していたという。どの番号がどの基地を示すのか、その情報はすでに入手済みだったそうだ。

私信から読めた動き

大越の証言は続く。

監視対象の一つに、ウラジオストクの北約200キロの街スパスク（スパッスクダリニー）があった。そこにはソ連の極東空軍司令部が置かれていた。

「そこの参謀長さんが、奥さんを呼ぼうとしているんですよ。これは、戦をやる考えはないと。そのうちに『危険だから』と言って、奥さんに『しばらく待て』という電報が交信にありましてね。しばらくすると今度はビザが下りて、奥さんが子どもと一緒にスパスクへ出発するんですね。それで、あぁ、これで状況はいいやって言って。そんなもんが公衆電報で分かるんですね」

家族との私的なやりとりという相手の隙を突いた手法だったが、そんな私信を集めると、敵の作戦展開が読めることもあった。

ある日、「これから先、家から手紙をよこす時はこのポスト番号で」という電報が、モスクワ近郊のある街から一斉に打たれた。

「そこにはSB（ツポレフSB高速爆撃機）の部隊がおるんですよ」「発信人の名前を比べてみますと、SBの隊長がおるわけですね。それから、参謀長もおりますね。大隊長もおりますね。みなそろっているんですね。『ほーれ来た』って言いましてね」

モスクワ近郊の基地から極東・モンゴル国境の最前線まで、新鋭爆撃機の部隊が投入されてくることを、実物が姿を見せる10日前に割り出していた。これが一番うまくいった事例だったと、大越は披露した。

地方空港に「別の耳」

一方、ハルビンから離れた地方の空港にも、別の「耳」があった。

それは敵の航空機が管制係と交わす通信を傍受する組織だったと、元ハルビン特務機関員の入村松一《にゅうむらひさかず》は証言する。傍受を担当したのは満州国に住むロシア人移民らだった。3〜4人が1組になる交代勤務で、約20人が従事していたという。

「タムスク（モンゴル領内のソ連軍基地）から（爆撃機の）SBがびゃーんと出撃するでしょ。そうすると、ここの通信所とSBとの間に波長調整があるわけですわね。それでこのタムスクをSBが出たということがここでもすぐ分かるわけ」

敵の爆撃機が離陸時に無線を調整するのをとらえ、機数を割り出して味方の戦闘機を迎撃に向かわせたという。だが、紛争が始まって2カ月が過ぎた7月下旬ごろには、敵機は波長調整をほとんどしなくなった。理由は分からないという。航空戦は当初、日本軍が圧倒的に優位だったが、この時期には制空権もソ連軍が握りつつあった。

「みな、非常に怖がって『帰りたい』って言って困ったんです。その時分は日本の空軍が劣勢になっておったから無理もなかったと思うんですよ。私は一生懸命になって慰めたり激励したりしました」

ハルビン特務機関へ赴任する前、入村は1938年暮れまで、満州国西部の都市ハイラルから約100キロ北に位置する、三河《さんが》特務機関の機関長だった。一帯には白系ロシア人が多く住み、入村はソ連の逃亡兵などに絡んだ工作や謀略に携わっていたという。

「私はもう白系ロシア人のパパだったんですから」と、入村は自らのことを語った。ソ連軍の機械化部隊が相手のノモンハン事件が起きると、彼は自分が世話していたロシア人を通信傍受の仕事に送り込むだけでなく、わずか65人の奇妙な部隊を指揮した。

最前線に出て敵の情報を探る。それが任務だった。

死体の懐を探って

広大な草原が広がる満州国西部。ノモンハン事件は、ここを流れるハルハ河沿岸の国境線をめぐって起きた紛争だった。

ソ連は戦車部隊による攻撃に加え、日本側の10倍を超す砲弾を撃ち込んできた。日本の兵士らは、火炎瓶攻撃と夜襲で対抗した。日露戦争以来、日本軍は銃剣を手に、敵の寝込みに攻めかかって突撃する夜襲を得意とした。

だが、ノモンハンでは、同じく闇に紛れながらも、夜襲部隊から少し離れて行動する総勢65人の部隊があった。その中には、満州国で暮らすモンゴル人やロシア人もいた。この紛争で創設された「戦場情報隊」だった。その隊長を入村が務めていた。

草原で強烈な臭いを放つ死体が、彼らにとって宝の山だった。死んだ敵兵の懐を探り、地図や書類を抜き取る。敵の見張り番を拉致しては尋問にかける。情報の入手が任務だった。

「だからとにかく一人でも、死体でもいいし、俘虜《ふりょ》でもいいし、とにかく敵の兵隊を捕まえなければ敵情が分からないんでね」

戦場で外国人の協力者と一緒に行動するため、敵兵と間違われる危険があることも、入村は心得ていた。そのため味方の前線司令部などには近づかないよう、用心していたという。

「非常に特殊なものですから。あんまりそばへ行くと敵と間違えられて殺されてしまうんですよ。味方に」

クックス博士のインタビューで、入村は「極秘」とされていた組織をつまびらかに説明している。証言によれば、戦場情報隊はノモンハン事件が始まって間もない1939年5月末、これも特務機関員だった近藤毅夫少佐の指揮下で、まずは試験的に、モンゴル人を中心とした約

20人で創設された。たった一晩程度の活動だったが、約10の死体から所持品を抜き取り、モンゴル軍の捕虜1〜2人を尋問できた。やってみて「立派な情報はないんですけれど、『これは面白い』という結論が出た」という。

戦線の拡大に対応するため、6月20日ごろ、隊員を入れ替えたうえでもっと大規模な部隊を作るよう、入村らに指示が出された。日頃から手なずけていたロシア人やモンゴル人、中国人などを使った第1、第2戦場情報隊が、それぞれ65人で編成された。第1情報隊を近藤少佐、第2情報隊を入村が率いたという。

「他に方法がなかった」

ノモンハンの戦場で、第1情報隊は前線の主力だった第23師団（師団長・小松原道太郎中将）に、第2情報隊は機械化部隊を率いた第1戦車団（団長・安岡正臣中将）に、それぞれ協力した。「所属じゃないです、協力。向こうのできないことをこちらがやってる」と、入村は言葉を続けた。

7月2日未明、味方の夜襲部隊が敵と出くわし、戦闘の末、敵は11人が戦死した。第2情報

ノモンハンの最前線へ、ハイラルから約200キロの道のりを徒歩で送り込まれる日本兵＝1939年6月下旬

隊は、死体から地図や陣中日記、軍隊手帳などを入手した。さらに、敵の軍曹を捕虜にして尋問し、所属や部隊の行動を聞き出した。

「尋問しましてこの付近にいる軍隊は、ハルハ河のこちら側にいるのは蒙古軍じゃなくて全部ソ連軍だということが分かった。それまでは主力は蒙古軍で一部がロシア軍だと思っとったんですね。これによって敵は相当強大だということ、初めて分かったんです」

現場では、敵の部隊の所属も作戦の意図も分からない。だからこそ、戦場情報隊のような役割が欠かせないのだと、入村は語る。

ノモンハン事件は、関東軍が東京の参謀本部の制止を振り切って広げた紛争で、すべてが行き当たりばったりだった。ちなみに前述の夜襲に続いて2日夕刻から、大規模な攻撃が計画されていた。関東軍の当初の計画では仮設橋を架けてハルハ河を越え、対岸の敵を一気にたたくつもりだった。だが、手持ちの資材は訓練用の仮設橋が1本分だけしかないという有り様だった。

「こういう場合にどうやって情報を取るかということを考えれば、戦場情報隊より他に方法がなかった」

大局的な情勢が見えないなかでも、最前線で知恵を働かせて敵側から役立つ情報を得た入村たちの働きは、関東軍の上層部から高く評価された。7月20日には第1、第2情報隊は一つに統合され、隊長を入村が務めた。9月24日に解散されるまでの間、戦場情報隊が尋問したソ連兵の捕虜は50人以上に達したという。

そんな現場の働きをよそに、敵の兵力を常に過小評価し、場当たり的な作戦と精神主義でことにあたる参謀らの姿勢は改まらなかった。

雪のようなビラの量

戦場情報隊にはもう一つ、重大な任務があった。敵の将兵へのプロパガンダや情報工作だった。その一環として、最前線で敵に、投降を促すビラをまいた。

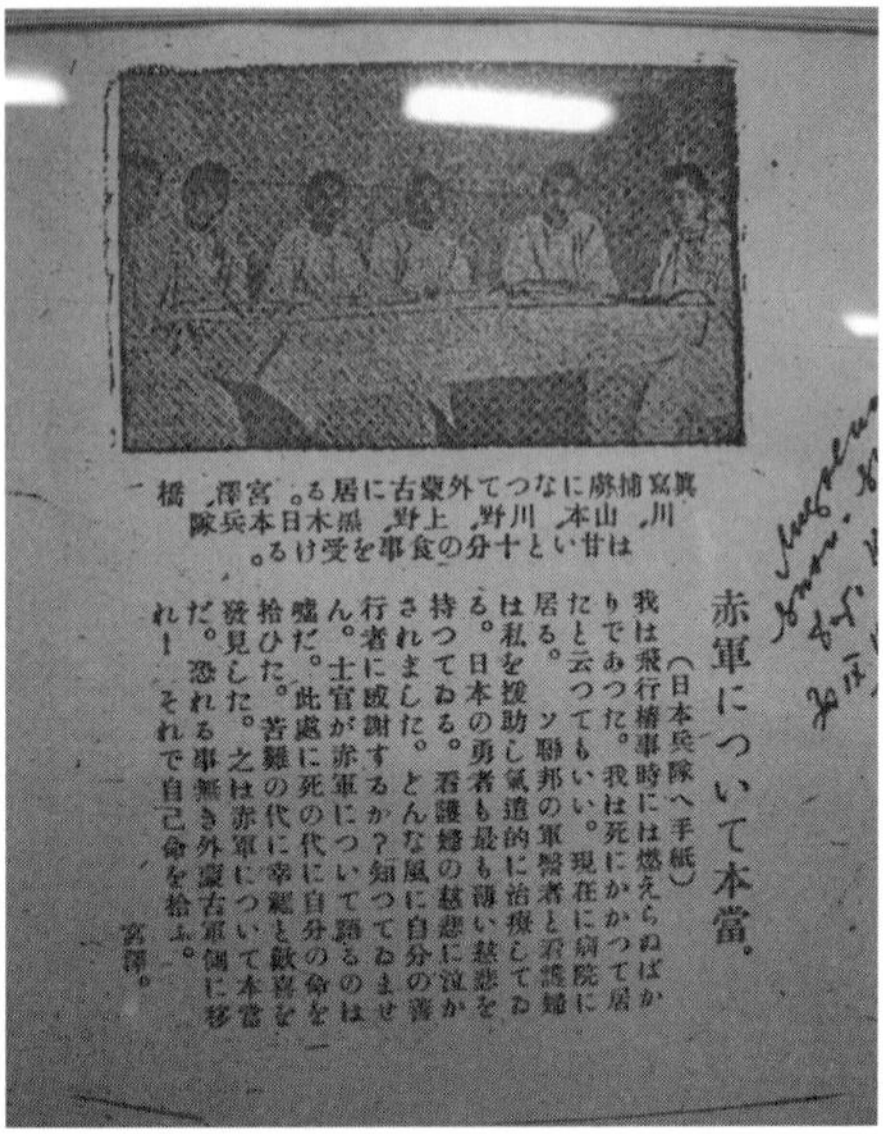

寫眞　捕虜になつて外蒙古に居る。宮澤、橋川、山本、川野、上野、瓜木日本兵隊は甘いと十分の食事を受ける。

赤軍について本當。

（日本兵隊へ手紙）

我は飛行機事時には燃えらぬばかりであつた。我は死にかかつて居たと云つてもいい。現在に病院に居る。ソ聯邦の軍醫者と看護婦は私を援助し氣遣的に治療してゐる。日本の勇者も最も薄い慈悲を持つてゐる。看護婦の慈悲に泣かされました。どんな風に自分の露行者に感謝するか？知つてゐません。士官が赤軍について語るのは嘘だ。此處に死の代に自分の命を拾ひた。苦難の代に幸福と歓喜を發見した。之は赤軍について本當だ。恐れる事無き外蒙古軍側に移れ！それで自己命を拾ふ。

宮澤。

ノモンハン戦跡の現地、モンゴル東部のスンベル村の郷土博物館に展示されていた伝単（宣伝ビラ）。ソ連軍が日本兵らに投降を呼びかけるためにまいたとみられる。５年後に再訪した際には、なぜかこのビラは撤去されていた＝2009年５月５日、永井靖二撮影

入村らは普段からソ連の文献を読み込み、どんな言葉がロシア人の心に響くかを研究していたと語る。敵兵が肌身離さず持っていた家族との手紙も、その分析の対象だった。

「死体から手紙、奥さんや家から来た手紙を全部読んだんです。それはロシア人を使って読みました」

「手紙を読みますと、みな奥

さんが自分の留守中に浮気しちゃいないかという心配が非常に多いらしいんですよ。それが手紙で分かった。ですから、『お前たちの奥さんは、お前たちの留守中に共産党の偉い人と仲良くしているんだ』って言った」

手数のかかるビラはハルビンで印刷し、簡単なものは隊員が手書きで作った。「手数のかかるものというのは、向こうから、例えば大尉が投降してくるでしょ。その大尉の名前と写真を入れる。そして、その大尉が自分の部下に呼びかけるようにして、私は日本軍に投降したと。待遇は非常に良いと。幸せだと。お前たちも早く来いって」

やがてソ連軍もまねをして、日本側に投降を勧めるビラをまき始めた。「向こうも『日本軍の師団長、妾《めかけ》を25人も持っているぞ』って、『そんなやつの言うことを聞くやつがあるか』って言って宣伝をした」

「敵と味方の宣伝ビラで、この付近が雪が降ったように白くなりました」

戦場情報隊は捕虜や投降者に向き合った際、氏名、階級、所属部隊、歩兵や砲兵といった兵科、指揮官の名前、部隊の装備、兵の数、陣地の塹壕《ざんごう》の深さ、障害物の位置などを詳しく尋問したという。

クックス博士は「捕虜になった場合は、自分の名前と階級を言うだけで、あとは何も言わなくてもいいということになっている」と、当時からある「捕虜の待遇に関するジュネーブ条約」を引き合いに出した。「日本軍はそういうことを兵隊たちに……」と言いかけた博士をさえぎり、入村は「教育してなかったですね。しかし、俘虜になったらもう生きてないか。日本の兵隊は俘虜にならんと思ってた」と、言い切ってみせた。

極秘の情報隊、その構成

「私の下に小さなグループがたくさんあった」

7月初頭に挙げた成果を受け、戦場情報隊は組織が拡充された。無線情報などの技術陣が付け加えられる形で、8月には200人以上を擁する大隊の規模になったという。本部はハルビンにあり、拠点がハイラルに置かれていたと、入村は極秘だった情報機関の組織構成をクックス博士に明かした。

証言によると、戦場情報隊の本部組織には指揮班のほか六つの班があったという。指揮班は総務部の役割を果たし、当時少佐だった入村自身が班長を務めた。部下の班員には将校が3人、下士官が2人、兵士が5人。さらに通信連絡班があって中尉が班長を務め、無線通信機を送信用と受信用の各1組、有線通信機も1組持ち、兵士の通信士が6人いて、この6人が暗号班も兼ねていた。

第1班は情報班で捕虜や投降者、逃亡者の尋問を担当した。中尉が班長を務め、ロシア語の民間人通訳が計6人、モンゴル語が同2人、中国語が同1人いて、この中にロシア人の亡命者が4人、モンゴル人が1人、中国人が1人含まれていた。日本人の民間人通訳は計3人で、この3人はソ連の軍事、国内問題、兵器や各種資材の専門家でもあった。

第2班は宣伝と心理戦を担当した。やはり班長は中尉で、その下にロシア人移民1人を含む民間人スタッフが計6人いた。携帯可能な印刷機などを備え、全員がプロパガンダの専門家だった。

第3班は戦場で入手した兵器や装備などの調査を担当し、班長には兵器に詳しい少尉が選ばれ、班員は7人いた。第4班は捕虜の監視や護送を担当し、班長は曹長で班員は兵士5人。第5班は警備と輸送を担当し、やはり下士官が班長で、兵士16人のほか運転手を入れて計約20人いた。貨物自動車が5台配備され、兵士は全員が小銃を所持し、さらに軽機関銃2丁で武装していた。第6班は食事など給養を担当し、全員が兵士で6人いた。

ここまでで合計70人余り。入村は戦場情報隊の構成についてそれ以上は説明していないが、この本部組織に、7月に最前線で活動した65人編成の2部隊を足し合わせると、合計で200人を超える計算となる。

毎日の食糧は第23師団が負担したが、「ロシア人を給養するために必要な特別のもの」は、入村らがハルビンで入手していたという。「食べ物も違いますし、着物も違いますから、この戦場情報隊というものは普通の軍隊では編成できないんです」と、入村は繰り返した。

幻の後方攪乱《かくらん》作戦

陸軍きっての〝モンゴル通〟だった矢野光二は、ノモンハン事件のころ、中国・内モンゴルに展開していた駐蒙軍の調査班長として、偵察や地図作成などの任務にあたっていた。

「私がこっち(ノモンハン)へ引っ張り出されたら、おそらく今まで生きていなかったかもしれません。……どうして呼ばれなかったんですかね、私」

クックス博士のインタビューの合間、同席していた今岡豊に矢野がそう問いかけると、同じころに参謀本部の作戦班員だった今岡は、「いや、(事件が)そんなに大きくなると思わなかったと。計画的じゃないから」と答えている。

そんな矢野は、ノモンハンで国境紛争が起きたと知って「事件を拡大しないためにこういう計画をしたんです」と、独自にめぐらせたはかりごとを打ち明けた。

矢野が駐在していた内モンゴルは、ノモンハンに展開したソ連軍にとっては背後にあたる。そこから工作員を潜入させて各地で爆破事件を起こせば、「非常に後方に脅威を感じて、あんまりこっちに出てこないだろう」と、思いついたのだという。中国の張家口付近で、特務機関員やその部下の若者を10人選び、自分がダイナマイトを調達して手渡すので「外蒙（モンゴル）軍の後ろに潜入して、ところどころへ行って、石っころを集めてとにかく人のいないところに、構わないから爆破を仕掛けてこい」と、命令した。

矢野は陸軍士官学校で同期だった工兵隊長に事情を打ち明け、2日間にわたって午前6時から午後6時までみっちり、火薬の基本的な取り扱いと爆破工作の特訓を受けたという。公的な記録が残らない形で、隊長からダイナマイトをもらい受ける約束も取り付けた。

準備が整ったところで、矢野は親しかった駐蒙軍司令部の情報参謀に相談した。

「とんでもない話だ。そんなことしたら、軍司令官の首に関係する」と、参謀は色をなした。矢野は、「いや、俺が責任を負えばいいだろう」と答えたが、「……駄目だって。あなた一人では済まない。これはたいへんなことになる。ぜひやめてくれ」と懇願され、計画はあえなく断念を強いられた。

20年ほど後のこと。矢野は九州へ行った折、当時の部下と再会した。「あの時はずいぶん楽しみにして待っていたのに、とうとうあんた、ダイナマイトを持って来ないもんでな」と、その元部下から当時の恨み言を蒸し返されたという。

行き当たりばったりの独走を続ける関東軍司令部に追随するかのように、特務機関員らは各自の任務に応じて情報戦や謀略に力を注いだ。一方、スターリンを頂点にいただく独裁国家ソ連は、国家的に統一された意思を、この地域紛争にも発動させ始めた。

インスピレーション情報

ソ連とのスパイ戦を指揮するハルビン特務機関は、ノモンハン事件の前から、在ハルビンソ連総領事館に有力な内通者を極秘に仕立てていた。前出のロシア通将校は当時、東京・参謀本部のロシア班長として、この件について報告を受けていた。

「ハルビン特務機関がハルビンにあったソ連総領事館の中に、非常ないいスパイを入れておった」「1人です。……領事か、副領事かその辺の上位官吏。それでね、その情報というのは、確か1938年の初めごろから、報告され始めたと記憶してますがね」

ソ連総領事館の内通者から、モスクワとの通信内容がこと細かに送られてきた。これらの情報は「ハルビン特務機関特別課報《ちょうほう》」、略称「ハ特課《とくちょう》」と名付けられた。

そのあまりの生々しさを、モスクワに駐在した経験もあるこの将校は気味悪く感じた。おそらく偽情報が混ざっていると判断し、ハルビン特務機関、関東軍第2課（情報課）、参謀本部ロシア班の他には絶対に外部へ出さず、参考情報としてのみ扱うよう指示した。

だが、ノモンハン事件が起こると、文書担当の幹部の勝手な判断で、この「ハ特課」が関東軍の第1課（作戦課）にも流れてしまった。

「作戦課参謀にすれば、内容が電報の形式になってるでしょ。だからこれは本当に、こちらが向こうの電報をキャッチしてその暗号を解いて報告してきたものだという風に、作戦課は信用しちゃったんですよ」

作戦課は「ハ特課」を重視して計略を練った。だが、実はこれ、二重スパイが発する「インスピレーション情報」と呼ばれるものだった。重要そうにみえる情報を普段から意図的に漏洩させておき、本当に肝心な局面に至ると、相手がぱっと信じてしまうような事実と正反対の情報を紛れ込ませる。いわば、敵を効果的にだますためのものだった。

ソ連の独裁者スターリンは、関東軍が独走の末に拡大させたノモンハン事件を、日本をたたいておく絶好の機会とみた。そして1939年6月初めごろから、前線部隊の要求を上回るほどの大量の武器弾薬を送り込ませていた。

8月20日を目処に、ソ連軍は大規模な総攻撃をひそかに準備した。これに合わせ、日本軍を欺くための情報工作が、それと気付かれないよう稼働し始めた。

入念な偽装工作

「ハ特諜」が、「前線への物資輸送が難しい」とする訴えを伝えた。

インスピレーション情報だった。現地の第6軍の高級参謀だった浜田寿栄雄《すえお》らは、敵は物資の輸送がうまくいっていないらしいと、まんまと信じ込んでしまった。

「大きな情報は特務機関が管理しておりましたね。『補給が困難になる模様だ』とか、なんとかかんとかっていう」

さらに、ソ連軍が越冬の準備を始めたという情報も入った。戦場情報隊長の入村松一は、ソ連側から「コンコンコン」と杭打ちの音が聞こえてきたと証言する。「こちらも越冬準備やってんだから、向こうも越冬準備やってると思ったんですよね」。情報戦の専門家である入村も含め、日本軍は相手からの大規模な攻撃は当面ないと判断した。

だが、ソ連側が公開した戦記によれば、杭打ちの音は録音をラウドスピーカーから流したものだったという。現地の司令官ゲオルギー・ジューコフは兵士ら全員に「防御戦闘心得」というハンドブックを持たせ、これから冬営の準備に入るのだと思い込ませた。

入村は「敵をだますにはまず味方をだませ、それをやったんです」と振り返る。ソ連側が司令部や兵力の移動をごまかすため、わざと無線通信を特定の方向だけに限定したことも、戦後に知ったという。残りの通信は「想像ですが」と断ったうえ、「有線とそれからオートバイね」「それでないとこれだけのものを動かせないですから」と述べた。

偽装工作はさらに重ねられた。戦車の大規模な移動を隠すため、夜には爆撃機が低空飛行を繰り返し、キャタピラの音を消した。「夜、ドーンと低空でSB（ツポレフSB高速爆撃機）を飛ばすんですよ。非常に速度遅いですよ。がーっと。一晩中。この間」。日本軍将兵の安眠を妨害し、消耗させる効果もあった。入村は「みな寝られない。……私なんかちょっと神経質だから夜寝られなくてね、本当に困った」と打ち明けた。「ソ軍があと2日でバーッて来るというのは、もう誰も思わなかった」

そして20日早朝、周到に準備を整え、ソ連軍は突如、総攻撃を始めた。

大攻勢つかんでいたが

ノモンハンで起こった日本とソ連の紛争は、1939年8月20日早朝に始まったソ連側の大攻勢により、日本側が壊滅的な打撃を受けた。

ではなぜ、関東軍はソ連の大攻勢を事前に察知できなかったのか。

クックス博士の問いに、大越は「（大攻勢があると）私らが前から言っていたわけですよ。何時から始まるというのは別としてね。それを、まぁ、作戦課における人たちが非常に軽くみていたんですね」と振り返った。

8月初め、モスクワの日本大使館に駐在していた入村の元上官が、シベリア鉄道経由で満州国へ戻って来た。急ぎハルビン駅の貴賓室で待ち合わせて情報交換をした入村に、元上官は「チタ（ノモンハン北方のソ連の街）からこっち、（軍隊輸送の）専用列車がいっぱいだった」と告げた。

ノモンハン事件で陣頭指揮にあたったソ連・モンゴル連合軍のゲオルギー・ジューコフ司令官（右）とモンゴル軍司令官のチョイバルサン（中央）＝1939年、モンゴル

「（ソ連は）ノモンハンでは重大な決意をしている。だから、あんなにものをたくさん持ってるソ連軍と消耗戦をやめて、少し下がってそして陣地を作れと、こう言われたんです」

これらの情報は、関東軍の作戦課にも知らされたという。だが、作戦参謀らはこれらの警告を重んじなかった。周到な準備を重ねたソ連軍は8月20日早朝、総攻撃の火ぶたを切った。大きな打撃を受けた日本側は退却し、9月16日に停戦が成立した。

「一番大きな問題は、関東軍参謀部の作戦課が、情報課の情報をあてにしなかった。そして作戦課が自分の情報で、自分で判断をして、作戦を指導したこと」と、当時参謀本部のロシア班長だった前出の将校は指摘する。

「日本軍の作戦参謀というのはいつも、陸軍大学校で成績の良い、優秀な人が作戦参謀になって、二流の人が情

白旗を持って日本軍に投降してきたソ連兵＝1939年7月

報参謀になるという昔からの習慣があった。その習慣が、とかく作戦参謀を自信過剰な状態にもっていったんですね」

総力戦の時代に、ただでさえ資源の少ない日本は、それを補うべき情報戦の面でも組織に重大な欠陥を抱えていたと言える。

ソ連が仕組んだ工作

実はソ連は、日本の捕虜になった自軍の将兵にまで、寝返りを防ぐ情報工作を仕掛けていた。投降者を装ってソ連当局からの伝言を運んだ者がいたらしい。それを疑わずに一緒に収容したのが「非常にまずかった」と、入村は振り返る。

入村がそれに気付いたのは、1939年9月、停戦が

日本軍の捕虜になったソ連兵＝1939年7月2日

成立した後の捕虜交換の時だったという。

帰国したいか否かを問うと、ハルビン郊外の収容所にいた捕虜ら70人余りの全員が、帰国を希望した。

捕虜を迎えに来たソ連のポターポフ少将が「諸君、ご苦労だったな」と声をかけると、全員が声をそろえて「ポターポフ閣下、万歳！」と叫んだ。そして、ソ連側が用意してきた5台ほどのトラックに乗るよう指示されると、一斉に同じ軍歌を歌い始めた。

「全部ハルビンで打ち合わせして準備してあったもんだと思いますね。それじゃなきゃ、あんなに立派にできない」

「ソ連の領事館から秘密にメッセンジャーが行って、そして説得したらしいんですよ。帰っても処罰されない、よく戦ったんだと。ご褒美はなくても処罰されることはないと」

ひどい身なりで恥ずかしそうに帰ってきた日本兵の捕虜と、歓喜に満ちたソ連兵の捕虜の違いが、際立っていた。

ただ、投降を偽装した者や二重スパイがいることを、特務機関の側も十分分かっていたという。矢野光二も、「スパイということが分かっていても、捕まえないでおくんです。そうすると、行ったり来たりしているやつがいるんです」と話す。「それを切っちゃうと、情報が入らないんです」

満州国は建国のスローガンに、異なる民族が仲良く暮らす「五族協和」を掲げた。だが、統治された住民の多くは関東軍に反発を感じていた。そんな土地での活動は、信用ならない相手とすら、つき合いを続けなければならない状況だった。

捕虜たちの行方

では、ソ連の元捕虜は、帰国後にどんな処遇を受けたのか。日ソ紛争に詳しく「日露近代史戦争と平和の百年」（講談社現代新書、２０１８年）などの著書がある麻田雅文・成城大学教授は「ノモンハンから戻った元捕虜らには、厳しい処分が待っていました」と語る。

近年のロシアでの研究によれば、ノモンハン事件後にソ連に帰った元捕虜は88人とも89人とも言われるが、うち43人が軍法会議にかけられ、38人が有罪判決を受けたという。8人は処刑、30人は5～10年の自由剝奪《はくだつ》、つまり強制収容所送りだった。

理由は、抵抗せずに捕虜になったり、関東軍がまいたビラを手にしたり、捕虜収容所で満州国に残りたいと希望を述べたりしたこととされた。「それを調べ上げたのが、ソ連当局が関東軍の捕虜収容所へひそかに送り込んだメッセンジャーだったようです」と、麻田教授は指摘する。

「ソ連は1918年から7年間に及んだシベリア出兵を決して忘れず、こんど日本軍が来たらどうするか、情報戦の手法を練り続けていました。その集大成が、ノモンハン事件や、1945年の対日参戦に絡む情報戦です。ロシア系の住民が多かった満州の社会背景も加わり、もっぱら異民族が相手だった日本よりも、ソ連の方がより効果的に情報戦を遂行できたはずです」

スターリンの選択

ノモンハン事件は、偶発的な小競り合いがきっかけだった。関東軍の作戦参謀・辻政信らが、それまでの乾岔子島事件や張鼓峯事件でみせた陸軍中央の〝不拡大主義〟に強く反発し、独走の末に拡大させた局地紛争だった。

だが、ソ連の独裁者スターリンは、これを絶好の機会ととらえた。

それには当時のヨーロッパ情勢が深く絡んでいる。ヒトラー政権下のドイツは1938年9月、チェコスロバキアのズデーテン地方へ進駐し、領有をヨーロッパ各国に認めさせた。1939年4月には、ファシズム陣営とソ連との代理戦争の様相を呈していたスペイン内戦が、独伊が支援するフランコ側の勝利で終結した。

ヒトラーがポーランドへの野心をあからさまにするなか、英仏はスターリンにドイツを封じ込めるための連携を持ちかけていた。一方、ドイツも極秘裏に、ポーランドを分け合うことを条件に不可侵条約の締結を打診していた。

英仏かドイツか、スターリンは選べる立場にいた。彼にとって、防共協定を結んでいるドイツと日本が挟み撃ちを仕掛けてくることが、最大の懸念だった。たまたま起きた国境紛争を奇貨として「背後の敵」日本に痛手を与えつつ、「前面の敵」ドイツとは手を結ぶ——。スターリンは圧倒的な物量を投入してノモンハンで関東軍に総攻撃を仕掛ける一方、8月23日には独ソ不可侵条約の締結に踏み切った。

ヨーロッパの戦渦に巻き込まれるのを防ぐという「国益」のため、信義も思想信条も全く無視したうえでの選択だった。各国は驚愕した。日本の平沼騏一郎内閣は28日、「欧州情勢は複雑怪奇」の言葉を残して総辞職している。英仏とソ連から挟み撃ちにされるのを回避したドイツは9月1日、ポーランドに攻め込んだ。

第2次世界大戦の始まりだった。

世界大戦の「導火線」

ノモンハン事件が1939年9月1日の第2次世界大戦の勃発につながった――。欧米の研究者らの間で近年、そんな指摘が相次いでいる。

「内陸アジアの僻遠《へきえん》の地で戦われたこの知名度の低い紛争が、アドルフ・ヒトラーによるポーランド侵攻、およびその後に続いたあらゆる出来事の導火線になった」

アメリカの研究者スチュアート・ゴールドマンが2012年に出版した「ノモンハン　1939　第二次世界大戦の知られざる始点」（みすず書房、邦訳2013年）は、そう位置づけている。

取材に対し、ゴールドマンは、「『第2次世界大戦の起源』という複雑なジグソーパズルで、ノモンハン事件は小さくはあるが、大切なピース。そのピースをはめると、全体の図柄が非常に分かりやすく見えてくるという役割を持っています」と語った。

彼だけではない。イギリスの著名な歴史作家アントニー・ビーヴァーは、全50章、邦訳で計1500ページに及ぶ著書「第二次世界大戦 1939―45」（白水社、2015年）の第1章をノモンハン事件から書き始め、終章をソ連の満州侵攻で締めくくった。

「ノモンハン事件は、ユーラシア大陸の東と西とを最初に結びつけた戦いです。そしてその後も、ヨーロッパの戦争と太平洋の戦争に大きな影響を及ぼしました。そういった点からも、第2次世界大戦の冒頭に位置づけるべき出来事だと言えます」と、取材に応じたビーヴァーはその意図を説明した。「たしかにノモンハン事件は、規模としては主要な戦いとは言えません。しかし、その影響は絶大でした」と、彼は続けた。「日本の大本営に北進政策をあきらめさせ、主に海軍が主張する南進政策へとかじを切らせる主要因となることで、ヨーロッパ戦線の分岐点となった独ソ戦の行方も左右したからです。それが、ノモンハン事件から書き始めることが重要と考える理由です」

結局、関東軍はそうとは知らないまま、ユーラシア大陸の反対側から第2次世界大戦のスイッチを押す役回りを演じてしまったというのが、欧米の歴史家らがたどり着いた見解と言えそうだ。

精神主義と「国家の意思」

歴史家の秦郁彦は著書「明と暗のノモンハン戦史」（PHP研究所、2014年）の中で、過去に公表された各種のデータを吟味し、それまで日本側が約1万8千人、ソ連側が9千人余などとされていた死傷者数の改訂を試みた。それによると、日本側の戦死者は約1万人、死傷者だと約2万人、これに対し、ソ連側は戦死者が約1万人、死傷者が約2万5千人という。

ソ連の崩壊によって各種の記録が明らかとなるにつれ、死傷者数などを基に「言われていたほどの惨敗ではなかった」とする見方も近年、現れている。ちなみに、辻政信は戦後に出版した自著「ノモンハン」（初版1950年、亜東書房）の末尾を、「戦争は敗けたと感じたものが、敗けたのである」と締めくくった。

だが、停戦後の国境画定作業の結果、一帯の国境はソ連側が主張していたハルハ河の東側を通る線となった。「戦争論」（1832年、岩波書店、邦訳1968年）を著したクラウゼヴィッツは、「戦争は政治におけるとは異なる手段をもってする政治の継続にほかならない」と述べたが、ノモンハン事件で政治目的をより多く達成した側がどちらだったかという点で、争いの余地はない。

第2次世界大戦中、ソ連内務人民委員部（NKVD）で謀略などの秘密工作を担当する「特殊任務局」の局長だったパヴェル・スドプラトフは、ソ連崩壊の直後に回想録を出版した。その中で彼は、独ソ不可侵条約を、「この取引には、いかなる気高い道徳原理の主張もなかったが、明らかにソ連が超大国扱いを受けた初めての機会であった」と評した。

ソ連は国境線をめぐる主張を通しただけでなく、国際社会での地位までもノモンハン事件をばねに大きくかさ上げさせた。一方で日本は、自分たちのメンツや体面で独断専行に走った関東軍の辻政信らを抑えられず、軍事作戦の禁じ手とされる「戦力の逐次投入」に走った。その揚げ句、ヨーロッパ情勢の展開まで読み誤り、内閣の崩壊に至っている。

作家の半藤一利は、代表作とされる「ノモンハンの夏」（文藝春秋、1998年）の「あとがき」で、辻を「絶対悪」と呼びながら、「もっと底が深くて幅のある、ケタはずれに大きい『絶対悪』が二十世紀前半を動かしていることに、いやでも気付かせられた」「おぞけをふるうほかのないような日本陸軍の作戦参謀たちも、彼らからみると赤子のように可愛い連中ということになろうか」と述べた。自分たちの「見たいものだけを見る」姿勢は、情勢判断を重大な局面で誤らせた。

敗戦に至るまで、日本軍の宿痾《しゅくあ》とも言えるその体質は改まらなかった。

第4章● 〝落柿〟を待ちながら

日本と防共協定を結んでいたナチスドイツが、不倶戴天の敵だったはずのソ連と不可侵条約を締結して2年近くが経った。ヨーロッパ戦線を席巻したドイツが今度はソ連へ攻め込み、独ソ戦が始まった。北へ攻めて宿敵ソ連をドイツと挟み撃ちにするか、南へ展開して資源を確保するか。前回みごとに欺かれた日本は、戦局の推移をどう評価するかで揺れた。ソ連の戦力低下を待つ口実のもと満州国への兵力集中を進めた参謀本部は、仮想敵が自分たちをどう欺いているかを洞察する能力とともに、味方が発した怪情報への対応力も試された。

「記憶の新たな日」

1941年6月初め、重大な情報がドイツのベルリンからもたらされた。

ヒトラーがドイツ駐在大使の大島浩に、近くソ連へ攻め込む考えを打ち明けたという。その衝撃を、日本の大本営陸軍部で戦争指導班長だった種村佐孝《すけたか》はクックス博士のインタビューで振り返った。

「6月の6日という日は非常に世界史的に見ても我々は記憶の新たな日なんです。それはこの大島さんがヒトラーと直接会って、そして近く、独ソ間に戦があるということをヒトラーが大島さんに話したんです。そのことが東京へ電報で来たんです」

約2年前、ドイツとソ連は、お互いに相手国へ攻め込まない不可侵条約を結んでいた。ソ連は折からのノモンハン事件で背後の日本を痛撃したうえでの、ドイツは防共協定を結んでいた日本を裏切ったうえでの盟約だった。だが、しょせんは互いに敵同士だった。西ヨーロッパ戦線で優位に立っていたドイツが先手を打った。6月22日未明、330万人のドイツ軍がソ連へなだれ込み、一気にモスクワへと迫った。

満州国でソ連と向き合っていた関東軍。その作戦主任参謀だった武居清太郎は、大きな波が

東京・三宅坂にあった陸軍参謀本部

大島浩＝1938年10月

元大本営参謀の種村佐孝

自分たちにも押し寄せるのを感じた。

当時、資源を確保するために、日本はインドシナ半島など南方へ出るべきだという南進論が、海軍を中心に優勢だった。それをはねのけて北進する、つまりドイツの動きに合わせてソ連へ攻め込むには、通常の装備だった関東軍を、臨戦態勢にする必要があった。

「もう大騒ぎになって、これは今度、南進か北進かという論争が始まったわけですな」

ドイツによるソ連侵攻の約1カ月後、満州国への兵力の移動が始まった。80万人に及ぶ兵士をソ連侵攻の狙いを隠して集めるため、見かけ上は演習ということにした。

「関東軍特種《とくしゅ》演習」、略して「関特演《かんとくえん》」と呼んだ。

大戦を揺るがした諜報

ソ連に対する作戦を担った関東軍参謀の水町勝城《かつき》は、関特演の準備に追われた当時の様子を語った。

「7月2日の御前会議によって、ソ連に対しては準備態勢を取ってるという。……どうなっても応じられるような状態っていう態勢なんですね」

ナチス幹部らは大島大使に、ドイツ軍は7週間でウラル山脈に達し、独ソ戦は終わるだろうと豪語した。戦況を眺め、極東を守るソ連の兵力がほぼ半減したら、開戦が決断される見通しだった。枝に実った柿が熟して落ちるのを待つ。そんな作戦だった。だが、予想したほどにシベリアの兵力は減らず、8月9日、陸軍はソ連に対する開戦を見送った。

武居は振り返る。

「8月9日、……昭和16（1941）年度における北方開拓企図を断念し、南方に専念する方針を採択したと」

リヒャルト・ゾルゲ

実は、ここにもソ連の巧みな作戦があった。兵力を極東からヨーロッパ戦線へと送る列車は、深夜にだけ運行した。一方、兵士らの訓練の一部はわざわざシベリアへ来て実施するなど、極東の兵力がさほど減っていないようにみせかけていた。

後に「20世紀最大のスパイ」と呼ばれる人物が、東京にいた。リヒャルト・ゾルゲ。ドイツの新聞特派員を名乗っていたが、ソ連のスパイだった。

日本がソ連との戦争を見送ったという情報が、政権の中枢に食い込んでいたゾルゲらによってモスクワへ送られた。日本が北進をあきらめたことはソ連に筒抜けだった。スターリンはシベリアの兵力を引きはがし、1941年10月から本格化したドイツとのモスクワ攻防戦に投入した。ソ連軍はモスクワの手前でドイツ軍を押し返し、これがヨーロッパ戦線の転換点となる。

「新国策はゾルゲ事件であれだろ? あれでもうはっきり筒抜けになっとったでしょ?」「しかし今になって考えてみりゃあ、やっぱりやっといた方がいいと思うんですよ」

日本は第2次世界大戦の行方を左右した情報戦に敗れた。関東軍の作戦主任参謀だった武居は、ソ連との戦いを見送ったことを悔しがっていた。

土壇場の至急報

1941年8月2日の深夜、関東軍から東京・参謀本部に至急報が入った。ソ連軍が満州国の東部国境の一帯で突然、無線を止めたという。

「スワ、極東ソ連軍に変状が起きた」と、戦争指導班員だった種村は、著書「大本営機密日誌」(初版1952年、ダイヤモンド社)に記した。情報が本当なら、ソ連が満州国へ攻め込んでくる前兆かもしれなかった。

第2次世界大戦のヨーロッパ戦線で、独ソ戦が始まって1カ月余り。日本もドイツに合わせて、ソ連へ攻め込むべきだという北進論が、陸軍内で勢いを増していた。満州国では、通常の装備だった関東軍を臨戦態勢にするための関特演が、最盛期を迎えていた。一方、海軍はインドシナ半島などへの南進を主張し、参謀本部はまさに決断の瞬間にいた。

ソ連はドイツ軍にモスクワの手前まで攻め込まれていたが、極東の兵力は期待したほどには減ったように見えず、対ソ開戦が断念に傾きかけた矢先だった。日本側の意図を察したソ連が先手を打ってくるのではという情報に、緊張は一気に高まった。「真夜中というように、参謀本部の窓々は、こうこうと輝き、あわただしい人の動きでざわめいた」と、「機密日誌」はその様子を伝える。

この件で「主役」とされる関東軍参謀の肉声が、クックス博士のインタビュー音源に残っていた。

「これを調べると、デリンジャー現象だということが分かった」「しかし無線封止って問題は、これはよっぽど奇襲をかける直前のね、海軍なんかもよくそういうことをやるから。だから僕は万一のことがあってはいけないと思ったから、第一線の監視哨に『変化がないか監視しろ』

と。それから（関東軍）第1課の作戦課の方にもね、『無線封止かもしれないから、警戒してくれ』と」

太陽表面の激しい爆発のため地球の電離層が乱れて無線通信が一時的に途絶する「デリンジャー現象」と分かったが、念には念を入れて東京や関東軍の作戦課に知らせたのだと、この参謀は説明する。だが、時期が時期だけに、激震は収まらなかった。

「熟れた柿」を待つ

関東軍は「ソ連の大挙空襲があった場合、中央部への連絡が間に合わない場合は独断で進攻するかもしれない」と、ソ連領内へ独断で攻め込む事前承認を求めた。

参謀本部は「国境内の反撃にとどめるように」と、慎重な対応を要望した。独断専行で事態の既成事実化を繰り返してきた関東軍に、強く警戒したとみられる。裁量の範囲をどこまで認めるか、議論は8月6日まで紛糾した。結局、各方面のバランスを取り、「敵の攻撃を受けた場合は航空進攻をなし得る」という、天皇の名による玉虫色の命令が出された。

そもそも日本陸軍にとって、ロシア、ソ連は創設以来の仮想敵だった。独ソ戦が始まった時、これを千載一遇の好機ととらえる関東軍の将校は、大勢いた。

「満州にいる者は、ソ連の、なんて言いますか……圧迫感ですか。それが非常にありますからね。これをきれいに排除できたならば、非常に国防上いいんだということは、かねがねの念願ですから」と、関東軍参謀だった水町勝城もクックス博士に語った。

独ソ戦の戦況を眺め、熟れた柿が枝から落ちるのを待つように軍備を整え、機会をうかがう。そんな「熟柿《じゅくし》主義」という言葉が、対ソ戦に慎重な政府首脳や、インドシナ半島への南進を主張する海軍などを説得する際に、しきりに使われた。

関東軍の作戦主任参謀として「関特演」を指導した武居清太郎も「海軍も……北方は熟柿主義ならば同意するって言うんで、同意したんですからね。それから参謀総長の杉山（元）大将も熟柿主義とこう言って。みんな熟柿主義だから。自然に柿が落ちるならばやろうと、こういう考えなんですね」と、この言葉の便利さを理解していた。

だが、玉虫色の言葉とは裏腹に、積極派とされた関東軍将校らの腹の内は強硬だった。水町は「当時、関東軍にいた我々は、この際、北はやるべきだという気持ちはみな一致しておったと思います。多かれ少なかれ。陸軍はだいたい、太平洋と言いますか、南に行くという考えは昔から持っていないわけなんです」と打ち明けている。

「昔から陸軍が、日本が一貫して考えたことは、ソ連の脅威をとにかく排除するっていうことですね。これができれば、資源は、今度は貿易その他の方法によって買えば可能なことなんです。ところが、この軍事的脅威ってやつは、これはどうしても実力で止めないと不可能なことだから」

元将校たちが考えた「正体」

だが、公刊戦史によれば、ソ連情報を統括する参謀本部第5課は8月上旬、参謀総長あてに独ソ戦の情勢判断を出していたという。年内にドイツがソ連を屈服させることは不可能で、その後の展開も必ずしもドイツに有利ではないとされ、結論は「年内に熟柿主義による対ソ開戦の好機は到来しない」だった。8月9日、陸軍は対ソ開戦を見送った。一つの要因に、2年前のノモンハン事件の手痛い敗北があったとされる。

「熟柿のチャンスはだいたいないだろうということになってくると、今度は堅い栗をむかなければならない」と、水町はさらなる軍備増強の必要を語った。だが、戦力の充実にとどまらず対ソ開戦までも一気に既成事実化してしまおうという謀略が、「無線封止」の正体ではなかったのかと、複数の元将校が指摘する。

関東軍の作戦主任参謀だった武居によると、「無線封止」の情報は、自分が知らない間に東京へ伝わっていたという。

「とにかくこういうことを作戦主任者が知らないんですからね」「謀略があったんだ」「作為的に……開戦の機会を作ろうという連中の仕組んだあれじゃないか」と、武居は疑っている。

20年後にクックス博士のインタビューを受けた種村も、「その時はもう一生懸命になったけど、戦後思うと、どうもそうだったのかな」と、振り返った。

関東軍は、南満州鉄道の線路を自ら爆破する自作自演の謀略をテコに、1931年の満州事変で傀儡《かいらい》国家の満州国を作った。この時も、敵が攻めてくるという偽情報で、対ソ開戦を既成事実化しようとしたのだろうか。その真偽はともかく、いずれにしても北進は見送られた。

南進へかじを切った日本は、4カ月後の1941年12月8日、ハワイの真珠湾を奇襲攻撃した。太平洋戦争が始まった。

ノモンハンの「残響」

第2次世界大戦の分水嶺となった独ソ戦の重大局面で、ノモンハン事件の「残響」とも言える出来事がソ連軍の作戦行動の中に見受けられる。

独裁者スターリンは、日本が北進を断念したと知ってシベリアの兵力をモスクワ攻防戦に振り分けたとされるのが通説だ。その効果は間もなく表れた。反撃の指揮をとったのは、2年前のノモンハン事件で初めて大規模作戦の立案と遂行を実体験した、将軍ジューコフだった。

スターリンの信頼を受けたジューコフは1941年10月11日、首都攻防の中軸を担う西部方面軍司令官に就任した。ノモンハンで自らが指揮した旅団も含む38万8千の兵力で12月5日、補給線が延びきった物資不足のドイツ軍に向かって反撃が開始された。零下30度に達する厳寒の中、ドイツ軍のモスクワ攻略は断念に追い込まれた。

日本軍が対米英開戦に踏み切る3日前のことだった。だが、ドイツ軍の進撃が抑え込まれたことを日本軍の中枢が把握するのは、米英に戦争を仕掛けたずっと後のことだったとされる。

そして膠着した戦線が逆転していく最大の転機は、スターリングラード（現・ボルゴグラード）の攻防戦だった。

人口約60万人のスターリングラードの街で、がれきと化した建物、部屋一つずつを両軍が接近戦で奪い合う様は、「ネズミの戦争」という異名をとった。世界史上、最も激しい市街戦と言われた戦闘の裏で、ジューコフは「天王星（ウラノス）作戦」の準備を極秘裏に進めた。スターリングラードを攻撃するドイツ軍を、約２００キロも遠巻きにして外側から包囲する作戦だった。１９４２年11月19日、作戦は発動された。「袋のネズミ」にされたドイツ軍将兵は約30万人に達した。

この天王星作戦の戦況図は、規模が約10倍でソ連軍の侵攻の向きが逆の西向きである点を除くと、ノモンハンの総攻撃のものと極めてよく似ている。一方、作戦の意図を秘匿し、ドイツ軍の注意をよそに向けるための工作は、さらに念の入ったものとなった。

ソ連内務人民委員部（ＮＫＶＤ）で対独謀略戦を担当したスドプラトフは、ドイツ軍の包囲をより確実にするため、ジューコフの師団がそうとは知らずに「おとり」の役回りを担わされ、数千人もの戦死者を出した事実を、ソ連崩壊後に出版した手記で明かしている。「ドイツ軍を彼の方向へ向けさせたのは、スターリン自身であったことはついぞ知られなかった」と、スドプラトフは振り返る。

スターリンにとって、作戦の目的を達することがすべてだった。犠牲者の数や作戦立案者のメンツなど、二の次、三の次に属する問題だった。

第5章●

地図と「ソト兵」の物語

軍事行動に、作戦地の詳細な地図や協力者の存在は大きな役割を果たす。だが、それは情報漏洩と紙一重の関係にあり、扱いには重度の警戒が必要だった。地図上に引かれる線は、国家の意思や都合を反映していた。ノモンハン事件の例を引くまでもなく、隣国間の地図表記のわずかな違いが、時に流血の惨事を引き起こした。敵情を正確に把握するためには、先方にとっての「究極の裏切り者」が、最も有用な「功労者」となる。内情に詳しい逃亡者や協力者は特別な厚遇を受けたが、情勢が変化すれば悲しい運命が待ち構えていた。

敵を欺くにはまず味方から

戦時下、地図は重大な機密だった。

関東軍司令部の場合、作戦行動を立案するのは参謀部の第1課、情報の収集や分析を所管するのは第2課で、派遣する部隊の行動に必要な地図を手配する担当も第2課の中にあった。第2課の参謀として兵用地図を担当していた末森敢《いさむ》は、第1課から配分される枚数を聞けば、「作戦にどのくらいの部隊が準備されているかということを、地図で判断できる」と、クックス博士に証言した。

末森によれば、作戦行動に際して将校一人あたりに渡す地図の枚数は、多い場合は40～50枚に達するという。だが、地図を事前に配れば派遣される地域が分かってしまうため、秘密保持に万全を期そうとするのなら、作戦開始の直前でないと渡せない。「その配布が、非常に難しい」と、末森は語った。一例が、ノモンハン事件に従軍した第5師団がその後、中国南部の南寧戦線へ投入されることになった際の連絡調整だったという。敵前上陸が絡む作戦だっただけに、上陸地点の秘密を守る配慮が特に必要だった。結局、作戦に際して本当に必要となる地図を末森が事前に渡した相手は、師団長だけだったそうだ。

「あとは青島編の地図、広東編の地図、上海編の地図、あっちこっちの地図を持ってった。渡したんですよ、私たちが師団の幕僚にね。『まあ、こういうとこ研究しろ』と言うわけですね。……それくらい地図は秘密に、作戦に関しては秘密にしていた」

それほど扱いに用心が必要だった地図は、立場が逆の敵からみれば、垂涎《すいぜん》の的となる。敵地の情報に絡む地図を入手したり作成したりするのは、主に特務機関の仕事だった。地図を作るための偵察の折、広大な草原で実際どのように行動したのか。陸軍きっての〝モンゴル通〟だった矢野が、クックス博士を相手に詳細を振り返った。

草原の偵察行

「ノモンハンの前の年ですから1938年、私は蒙古人2人を連れてハルハ河の偵察をしました」と、矢野はクックス博士に語り始めた。10月ごろのことだったという。

矢野は前年の1937年5月から東京外国語学校（現・東京外国語大学）に派遣されてモンゴル語を学んでいたが、同年9月、参謀本部に呼ばれて「外蒙に関する調査」の任務を命じられたという。2カ月前に日中戦争が始まっており、ソ連が蔣介石軍を支援する目的でモンゴル

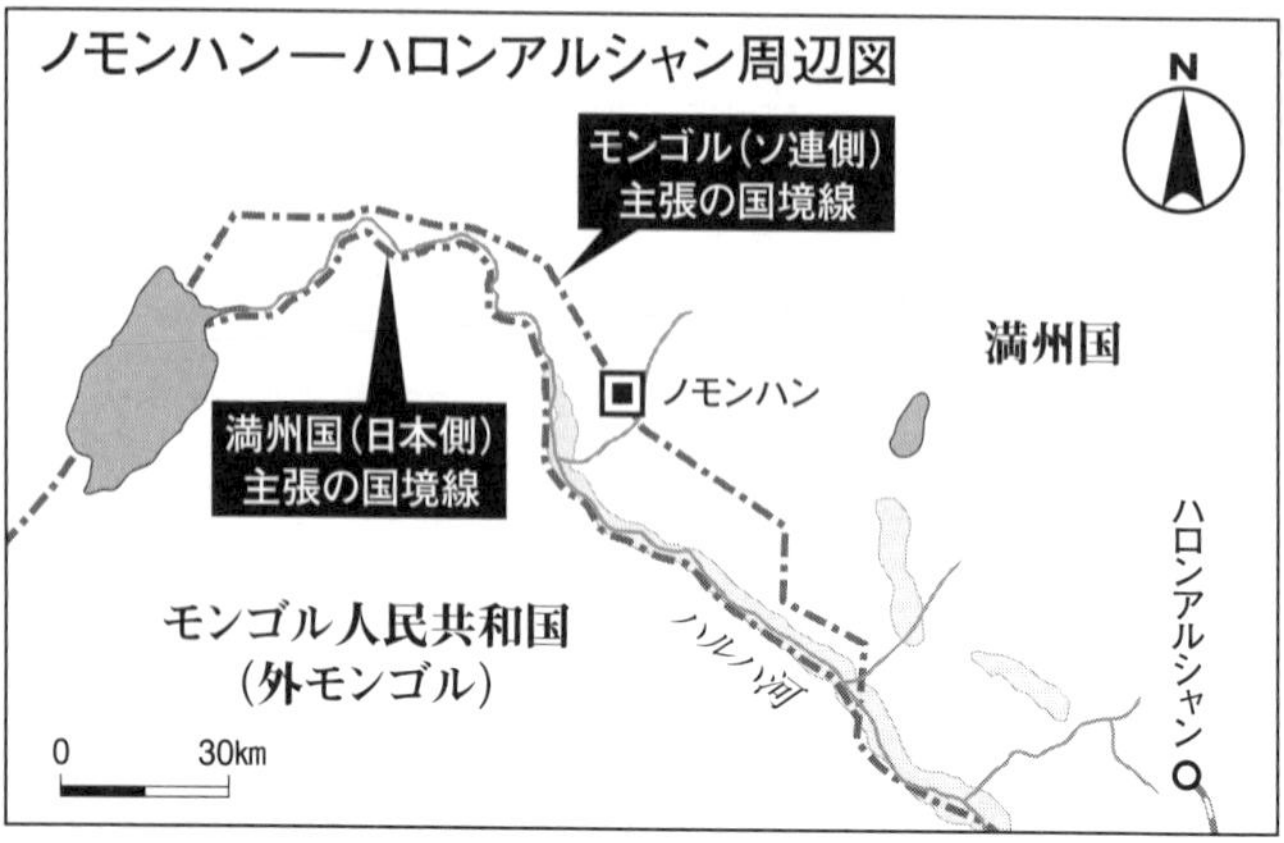

領内に設けた補給路を調べる必要が生じたためだった。

証言によれば、矢野はまず、１９３７年12月に中国の内モンゴルを探索した。トラックで包頭まで行き、関東軍が謀略工作のため特務機関を置いていたアバカ、西スニトなどを巡回して、地元民らとモンゴルとの密貿易の実態を調べたという。

引き続き１９３８年は、モンゴル領内を偵察することにした。

矢野の念頭には、１９３５年夏に起きた「国境侵犯」事件があったという。ハルハ河東岸で、日本の陸地測量部（現・国土地理院）から派遣された測量士がモンゴル側に身柄を拘束され、国境を侵犯したことを認めさせられたうえで、何カ月かして釈放されたというものだった。では、どこが国境だというのか、見極めてやろうと矢野は思い立った。

彼が選んだルートは、ノモンハンの南東100キロほどにある国境沿いの温泉保養地、ハロンアルシャン（現・中国内モンゴル自治区阿爾山市）を起点に、馬に乗って国境のソユルジ山と呼んでいた山を越えてモンゴル領へ入る、往復1週間の行程だった。越境してしばらくは大興安嶺山脈の西側に広がる無人の森林地帯で、そこを抜けると広大な草原へ出た。すでに最低気温がマイナス10度になるほどの寒さだった。

北上してハルハ河の東岸沿いを進むと、対岸をモンゴル兵とおぼしき男が馬に乗り、ずっと並走してくるのが見えたという。男は犬を1匹、連れていた。それから2日間、矢野は従者のモンゴル人2人とともにハルハ河畔から500～1千メートルのところを野営しながら進んだが、日中はずっと追跡者の姿が視界にあった。

そして2晩目の野営をした翌朝、目を覚ますと自分たちの馬が消えていた。

「我々を捕まえるはず」

従者のモンゴル人は、夜のうちに「ハルハモンゴル（地元・ハルハ族のモンゴル人）が来て、馬を持って行った」と言う。矢野は「そんなことはあるか。馬を持って行くようなら、我々を捕まえるはずじゃないか」と怒りながら、馬を捜させた。起伏の多い地形の川沿いを捜し回ること、約2時間。やっとのことで、風をよけて低地で草を食んでいた馬を捜し出したという。その日の朝から、追跡者の姿は見えなくなっていた。

昼ごろ、矢野らは満州国側の国境警備のモンゴル人兵士に遭遇した。モンゴル領からの密入国と思われたのか、拳銃を突きつけられたうえ「馬から下りろ」と命じられ、日本人がいる詰め所まで連行されて、偵察行は終わりになったという。

日中は追跡者が来ていたし、寝る前に2時間ほどたき火もしたから、自分たちがそこにいたのは遠くからでも一目瞭然だったはずだ。それでも捕まえなかったのだから、「お前たちは国境を川の線だと認めていたんじゃないか」と、矢野は判断したという。加えて、遊牧地帯では、清の時代から「山河に近きものは山河をもって境となし、山河なきものはオボ（道祖神のような石積み）をもって境となす」と言われていたことも知っていた。

その年、矢野は参謀本部に「ハルハ河が国境線である」と、報告したという。

満州国や日本はハルハ河を国境線と主張し、モンゴル・ソ連側は流れから20キロほど東へ入ったオボの連なりが国境線だと主張した。これが翌1939年のノモンハン事件の伏線となった。「だから、私には責任があるので、非常に」と、矢野はクックス博士に告白した。

敗戦後の1947年5月、矢野は極東国際軍事裁判（東京裁判）に証人として出廷し、当時の偵察行について陳述した。モンゴル側の監視兵からは「何等妨害ヲ受ケルコトナク茲《ここ》ニ境界ハ『ハルハ』河デアルコトヲ確認シ上司ニ報告シマシタ」（裁判記録・法廷証第2650号）と述べている。だが、自責の念を抱いていた矢野の背後に、もっと大きな意志が働いていた。

キャラメルを渡して

ノモンハン事件で工兵第24連隊の連隊長代理を務めた沼崎恭平は、陸軍士官学校を卒業した将校でありながら地図測量の専門家だった。戦死した川村質郎連隊長の後任として1939年7月からノモンハンの最前線に投入されるまで、参謀本部の外局だった陸地測量部に所属し、関東軍の満州国の地図作成を担当する測量隊のもとに1933年から赴任していた。この測量隊は本部を新京（現・長春）に置き、実働部隊は奉天（現・瀋陽）に駐在していたという。クックス博士に、実は関東軍はすでに1934年から、満州国の西部国境の一帯で地図作成のための測量を手がけていたと証言した。

それまでに参謀本部が持っていた満州や東部シベリアの地図は、1918〜1925年のシベリア出兵の際に入手した縮尺10万分の1のものが主体だったという。沼崎は1934年4月から11月にかけてハイラルへ出張し、「測量を私が指揮をしまして……、古い地図の訂正と、ない部分を新たに」手がけたという。「その際、ハルハ河を渡りまして、向こう側も測量しました」と、打ち明けた。

ハルハ河の東岸でも西岸でも、測量をしているとモンゴル軍の監視兵が姿を現し、いろいろと話しかけてきた。銃で武装した騎兵が1人か2人のことが多く、銃口を下に向けて背負っていた。さほど不審を感じている風ではなく、「測量官がキャラメルなどをやりまして、そうすると帰って行きおった」という。

その測量の際も、ハルハ河沿岸の国境線が問題になった。参謀本部が持っていた地図は、ハルハ河を国境線としていた。だが、沼崎は、土地の宗教や特務機関の情報、付近にいる白系ロシア人への聞き取りなどをしたうえ、過去の記録に登場する国境線の記述にもあたった。それらを総合すると、その見解に疑問を抱くようになったという。

私の調査は「不適格」

「結果としましては、どういう風に？」と問うクックス博士に、沼崎は「この地図に表れたのと同様と思われます」と、ソ連側が主張する国境線が描き込まれた地図を示した。

沼崎の調査結果によれば、ソ連の鉄道局が発行した地図でも、地元で「旗教」と呼ばれていた宗教の関係者への聞き取りでも、ハルハ河から東へ入った、オボを連ねた線を国境としていた。そう報告すると、参謀本部は沼崎の調査結果を「不適格」にしたという。「調査の証拠が不十分であるっていうわけですな」と、沼崎は少し含みのある言い方で振り返った。

「蒙古人は、この国境という観念が非常に薄いのでございます」と、沼崎は続けた。

「遊牧をいたしますので、遠く転々と移動をいたします。……お互いの生活のために国境というものをあまり重んじない。……それから、信仰とか取引の関係で国境を越えてお互いに行き来をする必要があった。……それで、満州国がここにできました際に、この国境線を明瞭にされるのを非常に嫌がりまして。……こういう状態ですから、国境線というものははっきり言って、現地に行っても分からない」

1939年5月にノモンハン事件が起きた原因の一つに、その前月、関東軍作戦参謀の辻政信らが「満『ソ』国境紛争処理要綱」を策定していたことが挙げられる。乾岔子島事件や張鼓峯事件で参謀本部の「弱腰な」対応に憤慨していた辻らが、「国境線明確ならざる地域に於ては防衛司令官に於て自主的に国境線を認定して之を第一線部隊に明示」することをうたっていた。国境が不明確なら司令官が自主的に決めてよいとする、極めて好戦的な内容だった。

だが、自分たちが国境をどう認定しようが、実際に紛争が起これば対外的な大義名分が要る。当時、参謀本部のロシア課にいた浅田三郎は、「ノモンハン事件が起きた時、『資料を調べろ』ということで、いろいろ文献を調べたことがあります」と振り返った。「結論は、やっぱりはっきりしなかったんです」。それで日本側に一番有利な解釈として、「ハルハ河をもって国境とする」ことにしたという。

「これっぽっちか」と秩父宮

案内役としてクックス博士の聞き取りに同席していた元関東軍参謀の今岡豊は、浅田の言葉を継ぎ、「満州の西の方の国境は、ことさらに不明確にしとった」と説明した。満州国が力をつければ国境は外へ膨らむし、弱ければ凹む――。だから、あえて西部の国境ははっきりしないままにしてあるというようなことを、1933～1934年ごろ、今岡は上官から聞かされたことがあるという。

しかし、「いくら集めても『ハルハ河が国境である』という文献は、ないんですよ」と、浅田は続けた。一方、当時の彼の上司は「いや、ある！　前の部署で見たことがある」と譲らなかったという。「ずいぶん探したんでしたがね、出てこなくて困ったことは覚えてます」

ノモンハンで国境紛争が拡大していくなか、秩父宮（昭和天皇の弟、当時・大本営戦争指導班参謀、中佐）がある日、浅田のもとにやって来た。秩父宮は浅田に「資料を出せ。ハルハ河が国境であるという資料はないか」と求めたという。「いま申し上げたようなことしかないと言ったところ、『なんだ、これっぽっちか？』と言われたことを覚えてます」

秩父宮雍仁親王＝1934年９月１日、東京、横浜、川崎３市の合同防空演習を視察中の横浜市長公舎屋上で

満州国政府の外交官だった北川四郎も戦後、著書『戦争と人間の記録　ノモンハン　元満州国外交官の証言』（現代史出版会、１９７９年）で、同政府は１９３７年に外交部、治安部、地元の興安北省が参加した合同現地調査を手がけ、ハルハ河を国境とみなす関東軍

の見解を否定する報告書を、外交部が作成していたと記している。この報告書の内容に、ハイラル特務機関は「驚いたというより、けしからんと考えたであろう」と、北川は振り返った。

同書によれば、帝政時代のロシアが1906年にハルハ河一帯の測量をした際は、ハルハ河に国境線を描いており、これが日本側の主張を支持する数少ない事例の一つとみられる。だが、1932~1934年にソ連が編纂し直した地図では、モンゴル側の主張を受け入れ、国境線をハルハ河の東方に訂正していた。

兵用地図に絡んだ複数の証言をつなげると、実際の境界はどちらの主張が正しかろうが、機に乗じて力ずくで決めてしまえばよいという、関東軍の発想が浮かび上がってくる。1回きりの現地踏査に推測を加えた矢野の報告は、その補強材料でしかなかった。

「ソト兵」の手土産

当時、ソ連からの逃亡兵は「ソト兵」や「ソトへ」の略称で呼ばれた。

ソト兵の数がピークに達したのは、1941年の夏ごろとされる。同年6月にヨーロッパで独ソ戦が始まり、ドイツに呼応してソ連へ攻め込む意図を抱いた日本軍が、「演習」の名目で満州国に兵力を集中させた関東軍特種演習（関特演）を展開した時期に相当する。ソト兵はその後の半年間で約１３０人に達したと、前述のロシア班の少佐は語っている。なかでも日本にとって重要だったのは、冒頭に登場したリュシコフに、フランツェウィチ・フロント、ビンバー・ジャップを加えた３人だったという。

モンゴルのウランバートルに派遣されていたソ連軍第36自動車化狙撃師団の砲兵部長だったフロント少佐は、リュシコフの半月ほど前の１９３８年5月29日、自分が運転する自動車で亡命した。参謀本部ロシア課員だった矢野は「実は、フロントが地図を持ってきたという電報が参謀本部へ入って、それから慌てて、昔やったけど忘れているから、ロシア語のアルファベット、慌てて勉強したんですよ」と、クックス博士に語った。

ソ連が作った国境付近の詳細な地図が、フロントの手土産だった。矢野によれば、10万分の1の地図が17枚と、１００万分の1が1枚あったという。「1週間勉強したら地図が着いたので、その地図の地名を全部、解読したわけです」「これは非常に正確でしたね。測量部にやって、日本があの辺の地図を作る基礎にした」

砲術や戦車戦に詳しかったフロントは、福岡県久留米市の戦車連隊へ送られ、図上演習でソ連軍の役を務めたこともあった。亡命を偽装したスパイではないかと疑う声も出た。「そういうことを言った者もあったんですけれども、全然そういう点はみられなかったですね」と矢野は振り返る。1945年8月のソ連侵攻後のフロントの消息を問われると、矢野は「分かりません」とだけ答えた。

粛清のあおりで

ソ連に続く世界2番目の社会主義国で、ソ連の衛星国家とされたモンゴルでも、粛清の嵐は吹き荒れた。1937～1940年の間に「反革命」や「日本のスパイ」の罪を着せられて処刑されたモンゴル国民は、当時首相だったペルジディーン・ゲンデンをはじめ、政府や軍の幹部から一般市民まで7万～8万人に達する。モンゴル第6師団の宣伝班長だったビンバー大尉も1938年秋、満州国へと亡命した。「外蒙古脱出記」と題した手記を発表するなど、亡命後は日本のメディアで共産主義批判の先頭に立った。

1939年10月6日付の大阪朝日新聞は「肉弾！国境の熱血児　満州国軍に従軍・敵陣へ突込む」の見出しで、ビンバーがノモンハン事件で戦死したと報じた。

それは本当か。

モンゴル第6師団の宣伝班長だったビンバー騎兵大尉（右）＝1939年

肉彈！國境の熱血兒
滿洲國軍に從軍・敵陣へ突込む
ビンバー大尉の最期

小粒だが

ビンバー大尉がノモンハン事件で戦死したと伝える1939年10月6日付の大阪朝日新聞

大阪朝日新聞 夕刊

ソ聯將星相次いで脫出

苛烈なる肅清を逃れ
リュ大將、我保護を求む
外蒙駐屯の砲兵部長も越境す

銃を擬して誰何
意外！怪紳士はリュ大將
殊勲の黄、金兩警士は語る

四川軍に兵變勃發
望江縣公署を襲撃說

革命の大功勞者
リュシコフ大將略歴

極東航空兵團長も
かくて獄中自殺！

蔣政權存續せば
日支に和平なし
決意を表明『長期建設』で邁進

號外發行

キユーピー マヨネーズ

リュシコフ（紙面中央の写真）とフロント（右下）の相次ぐ亡命を伝える1938年7月2日付の大阪朝日新聞夕刊

ノモンハン事件の際に最前線で敵の情報を集める戦場情報隊長だった入村松一《にゅうむらひさかず》に、ククス博士は真偽をただしている。「三つ違った話を聞いてまして。一つは戦死した、一つは処刑された」と切り出すと、入村は「二つともノー、ノーですわ」と否定した。「Suicide（自殺）？」と、三つ目を通訳抜きで尋ねた博士に、入村は「自分の将来を悲観して。投身自殺ですね。かわいそうだった。本当にかわいそうだった」と打ち明けた。

「ノモンハンの事変の時にはビンバ、ビンバが非常に役に立ちましたね。しかしそれが消えて、事件が終わって……いつまでもビンバ、ビンバって誰も言ってくれないですのでね。言葉も分からないしね」「新京か大連で池に身投げして死んだんです」

「どこの国でも、政治亡命者というのはね、初めは大事にするんです。そうやって使える時には使うんでしょうけど」と、入村は振り返った。

リュシコフのその後

冒頭に登場したリュシコフの「その後」について、ククス博士のインタビュー記録に複数の証言が残っていた。

1938年6月13日に亡命したリュシコフは、翌日には東京へ身柄を運ばれ、持ち込んだ機密書類を提供して一連の尋問を受けた。7月2日には、ソ連脱出に至る彼の手記が発表された。東京朝日新聞はその日、「リュシコフ大将脱出手記／〝世界の謎〟を白日下に／ソ連テロの真相暴露／極東の軍備想像以上」と、大見出しが踊った号外を発行している。そして、リュシコフは身柄をロシア課から、宣伝や謀略を担当する大本営第8課に移された。ソ連共産党の中枢にいた知識を「全面戦争の時に使おう」と、謀略の立案に関わらせるためだった。

身柄が移った後も、ロシア課から浅田三郎が約1年半、身の回りの世話に関わっていたという。浅田はクックス博士の聞き取りで、リュシコフのことを「それはもう非常に愉快な男だった」と回想した。

だが、外見の明るさとは裏腹に彼には陰があったという。「とにかくスターリン。彼はスターリンを打倒するということに重点がありました」と、浅田はリュシコフの心情を推測した。「しかし、共産制度全部を否定するという考え方はなかったと思います」「親日っていうか『日本と仲良くしていこう』という考え方はなかった」とも語っている。

東京で特別扱いを受けていたリュシコフにも結局、情報戦の世界は非情だった。東京で最初に彼を尋問したロシア通将校は「最後に、ソ連が参戦する直前に満州に送った」と、クックス博士に打ち明けた。
「そして殺されたらしいんですよ。それは、ソ連側に殺されたんじゃなしに、日本側に殺されたらしいんですね」と、その将校は言葉を継いだ。「かわいそうなことしたです。つまり、どうせリュシコフは向こうに捕まると。捕まれば、リュシコフから日本側の機密が、全部ソ連側に漏れるというので、殺したという話ですね……」

「裏切り者」の末路

戦時下のメディアやプロパガンダの研究を続ける早稲田大学名誉教授の山本武利は2022年3月、「陸軍参謀本部第8課（宣伝謀略課）の興亡」と題した論文を発表した。1943年10月まで第8課に在籍していた中田光男の旧蔵資料を山本が発掘し、それらを基に、同課が手がけた謀略やリュシコフが果たした役割をまとめている。

この論文によると、参謀本部はリュシコフに「マラトフ」（巨根）という異名をつけたという。彼が語ったソ連の政情や極東の兵力配置などの詳細は「マラトフ情報」という報文にまとめられ、表紙に「軍事秘密」「用済後焼却」の注記をつけて関係部局に配布された。その回数は亡命直後の1カ月間が特に多く、11回に及んだ。リュシコフの居所として神田淡路町に秘密の事務所が作られ、私服の憲兵3人が常に警護していた。1944年3～7月、参謀本部が手がけたスターリン政権の批判やソ連と米英の離間を狙った謀略ビラの作成にも、リュシコフが関わっていたとしている。

中田は1990年8月に文藝春秋編集部のインタビューに応じ、リュシコフの最期についても証言していた。山本の論文が引用した速記メモによると、本土空襲が常態化して敗色が濃くなった1945年6月、リュシコフは「身柄を安全な場所へ移す」という口実で、大連の特務機関へ送られたらしい。対日参戦したソ連が大連へ到達する2日前の8月20日、リュシコフは大連の特務機関長から「これで死んでくれ」と拳銃を手渡されたが、拒絶。その場を辞して階段を降りるところを、事前に命じられていた下士官によって上の階から射殺されたという。中田は8月10日に特務機関の参謀長から殺害の実行役を依頼されたが、断ったとしている。ほかの文献で、7月20日に満州へ運ばれ、8月17日に射殺されたとするものもあるという。

ソ連も、「裏切り者」を逃がすつもりは毛頭なかった。

満州国へ侵攻したソ連軍の後を、国防人民委員部（NKO）に所属する、ある活動に特化した部隊が続いた。

敵への協力者を根こそぎにするのが任務だった。彼らは「スパイに死を」の頭文字を取って「スメルシ」と呼ばれた。スメルシを率いたヴィクトル・アバクーモフが1946年2月27日付でスターリンにあてた報告書によると、日本の諜報《ちょうほう》・防諜機関の職員やその手先として5921人、革命に反対して国外に逃れた白系ロシア人などの「敵対組織」の指導者や活動家、それに「祖国に対する裏切り者」として2824人を逮捕したとする。

前者の多くを日本人、後者の多くはロシア人が占めた。実際の数はさらに多く、スメルシの手で約1万人がソ連へ送られたとみるロシアの研究者もいる。

第6章 迫り来る破局

南進を選び、アメリカやイギリスなどを相手に太平洋戦争に突入した日本だったが、国力の差は埋めがたく、間もなく戦況は悪化した。南方戦線から離れていた満州国も、無関係ではなかった。一時は陸軍で最強の陣容を誇っていた関東軍は、戦力を最前線へ引き抜かれ、弱体化を余儀なくされた。それまで北辺に対峙していたソ連は攻め込むことを前提としていた仮想敵だったが、防御の対象へと否応なく変貌していった。そして、関東軍が守ろうとしていたのは自分たちが支配している傀儡国家ではなく、日本の「国体」だった。

つかの間の絶頂

1941年夏にソ連への侵攻を見送った後も、演習を名目に満州国へ動員された兵力の多くはとどまり、訓練を重ねた。関東軍参謀の水町勝城《かつき》は、当時の兵力の充実ぶりを誇った。

「1942年から1943年にかけてのこの1年間というものは、関東軍の力としてはおそらく、日本陸軍の歴史上最高度に行った唯一の時期じゃないかと思います」

草地貞吾＝1932年ごろ（遺族提供）

南進を選んだ末に外交で行き詰まった日本は、米英に宣戦を布告した。開戦直後は勝利を重ね、東南アジアから西太平洋にまたがる広大な勢力圏を築いた。しかし、1942年6月のミッドウェー海戦で空母4隻を失う大打撃を受けると、戦況は暗転した。

1943年後半から、関東軍の主力は次々と南方へ引き抜かれていった。

戦争末期に関東軍作戦主任参謀だった草地貞吾《ていご》は振り返る。

「南の方あたりに出る部隊はいろいろ戦をするんだから、人でも指揮官でも資材でも馬でも大砲でも、なるべくあるうちのいいものを出すように、私どもは気をつけてやりました」

「その意味で悪い方がむしろ残った。二流のものを満州に残して、一流のものを出すと」

だが、1944年7月にはサイパン島の守備隊が全滅し、米軍は日本の本土を空爆する拠点を得た。この時機に至ると満州国では、北から介入されないよう、国境付近でソ連とトラブルを起こすことは厳しく禁じられた。日本の北方、すなわち満州国を静かに保っておくこと、北方静謐《せいひつ》確保が盛んに指摘されたと、草地は語る。

「北方静謐確保というのが、昭和19（1944）年の後半ごろから昭和20（1945）年にかけての関東軍に対する一番大きな注意事項であったわけです。大本営から何かといえば、静謐確保、静謐確保というところのご注意が……」

シベリアへ攻め入る想定で作られていたソ連に対する作戦計画は、防衛を前提としたものに全面的に改められた。当初、関東軍としては満州国全体を守る発想だったが、東京の首脳陣が本土決戦を唱え始めると、最優先で守るべきは国体、すなわち天皇中心の国家だと、優先順位が変わっていった。

攻めから守りへ

満州国を本土決戦のとりで、つまり決戦の一大拠点とするべく、関東軍の主力は、同国南部の朝鮮に近い一帯に立てこもり、持久戦をする計画を練った。開拓民や一般市民は、戦いが始まれば置き去りにされるという事実を知らされなかった。

「あとは敵の攻撃を遅らし、そして満州というか大陸の一角に橋頭堡《きょうとうほ》みたいなものをもって持久をして、そして日本全土の大東亜戦争の遂行を有利にするというような考え方に変わっていった」と、草地はクックス博士に語った。

「陣地だけはえらいあるけれども、中身は兵隊がおらん。こういうような状態に、昭和20年になったらなってしまった。陣地はあるけれども、鎧《よろい》がない」

草地の目には、部隊がそう映っていた。クックス博士に、満州国の面積が日本の本土よりもはるかに広いことを挙げ、彼はこうも漏らしている。

「最初は満州国を守るというような考え方であったんだけど、結局、これを守るようなことはどうしてもできないんだという具合に。昭和19年、それが夏から秋になる、20年になるということになると、兵力はさらに減って参りましたから」

日本と中立条約を結んでいたソ連のスターリンは1944年11月、演説で日本を「侵略国」と非難した。1945年2月にはソ連の保養地ヤルタでの米英両首脳との会談で、南樺太の返還や千島列島の引き渡しを条件に、ドイツの降伏から2~3カ月後に対日参戦する密約を結んだ。そしてソ連は4月、中立条約を延長しないと日本に通告した。

ヤルタ会談に集まった（前列左から）チャーチル英首相、ルーズベルト米大統領、スターリン・ソ連首相＝1945年2月4日、ウクライナ・ヤルタ

これと並行して、満州国北部の国境線がざわめき始めた。ソ連が日本を敵とみなし始めた様子を、関東軍の情報担当課長だった浅田三郎は振り返る。

「2月ごろですかね。ハバロフスク放送が公然と、ハルビンの、満州の悪口を言い出したんですよ」

5月7日にドイツが降伏すると、ソ連はヨーロッパから極東へ、兵力の移動を急ピッチで進めた。シベリア鉄道の輸送状況を望遠鏡で見張っていた監視隊によって、西からの兵力輸送が急激に増えたと草地らは報告を受けている。

「鉄道なんかは全部こうして見てたわけです。それによって、どんどんどんどんいろんなものが輸送されるのが分かっておりました」

消えた女性兵

満州国北部にいたゲリラ戦部隊の露木《つゆき》甚造《じんぞう》は、奇妙なことに気付いた。ソ連の国境監視所から、女性兵士の姿が消えたのだ。

「昭和19年の2月ごろに監視兵に女兵がずいぶん出とったんです。女の兵隊さんが。ソ軍に女の兵隊だいぶいますから。それが確か……5月の末、末ごろから女兵が全部、監視兵が男に、男の兵隊っておかしいけど、男に代わったたっちゅう情報も入っとる」

国境の向こう側にいた留守番の部隊は後ろへ

露木甚造（肖像画）。戦中に撮影された写真から1970年に模写した（遺族提供）

下がり、代わってドイツ軍の主力を攻略した精鋭部隊が極東へ送られていたことを、一連の証言は示唆していた。

ソ連参戦の可能性が高まるなか、大本営は5月末、ソ連に対する作戦計画を改訂した。

その趣旨は、関東軍が満州の広さを利用して敵軍を撃破するとともに、朝鮮との国境に近い地域、具体的には首都の新京（現・長春）と図們を結ぶ鉄路から南側、また、新京と大連を結ぶ鉄路から東側の満州国南東部で持久戦に持ち込むというものだった。

これを受け、関東軍は7月、ソ連が侵攻してきた場合には総司令部を新京から朝鮮との国境に近い通化に移す、といった作戦を決めた。

草地は著書「関東軍作戦参謀の証言」（芙蓉書房、1979年）で、こうした内容を「柔道でいうなら、グッと腰を後ろに引いて下げる作戦」と表現した。

「どこで関東軍はいわゆる最後の抵抗を試みるかって、三つあったんです」

当時、大本営にいた元戦争指導班長の種村佐孝《すけたか》も戦後、クックス博士のインタビューを受け、ソ連の侵攻に対し、実は三つの作戦案が検討されたことを打ち明けている。

第1案は「前線（国境線）で玉砕」の覚悟で抵抗する。

第2案は「関東軍司令官は戦が始まると同時に、新京からざっと下がり」、満州国の大部分を放棄して、主力は満州国南東部で持久戦を図る。

第3案は、関東軍はあらかじめ満州国と朝鮮の国境線付近まで下がり、初めから満州国を放棄するものだった。

「どれが一番良かったと思うか」というクックス博士の問いに、種村は「(第3案は)作戦的には一番徹底しとる。ところが、満州国を捨てるということは政治的にできないんですね」「戦が始まったと同時にもう散り散りバラバラになっちゃいますから、もうこの状況において、関東軍の兵力に適応して最小限の抵抗をすると、これはまあ第2案じゃないかと、落ち着いたんですね」と答えた。

「つぶしてもやむを得ない」

この作戦では、国境の陣地は玉砕が前提だった。クックス博士は「時間をかせぐためとか、敵の攻撃をそこである程度食い止めれば、もうそれ以上は望まないとか、それ以上は構わんとか、いわゆる一種の自殺的な行為?」と問うた。

これに対し、草地は「国境陣地あたりの一部は、もうそこでだいたいつぶすくらいのつもりだったんです。つぶしてもやむを得ない」と振り返っている。

主要な兵力はすでに南方へ引き抜かれていた。満州東北部の国境地帯を守るため、孫呉（現・黒竜江省黒河市孫呉県）に拠点を置いた第123師団の参謀長だった土田穣は、クックス博士に語った。

「第一線はわりあい各人が一つずつ小銃は持っておりました。ところが、大砲あたりはもう全部取っていきまして、完全な装備じゃないんですよ」。土田は、1個師団で「日本軍が非常に強かった」ころの3分の1程度の実力しかなかったと説明した。

中国戦線にいたころの土田穣＝1942年ごろ、中国・山西省（遺族提供）

当時、関東軍総参謀副長だった松村知勝は、部隊をこうたとえている。
「関東軍というものが、つまり、形だけはあったけれども、かかしだったということなんです、今、思うと。兵器もないし、飛行機もないし、戦車もないし」
クックス博士は、関東軍の作戦主任参謀だった草地に問いかけた。

「戦争全体からみて南方方面を第一義的と考えれば、満州の作戦は第二義的なものになっていったのか」

草地は答えた。「二義的と言わざるを得ないですね。一番大事なのは日本本土の決戦である……というような意味に、（昭和）20年になったら明瞭にそういう感じになりました」

「満州だけでは根が切れた木みたいなもの。例えば人的な補強力にしても、いろんな軍事資材にしても、ここで独力でやることはもうできないのです。関東軍というものが極力本土と連絡することによって、本土を有利にするのであって、本土から切り離された関東軍はないものだというような感じなんです」

「いつ侵攻」読み切れず

関東軍の情報担当課長だった浅田三郎は、ソ連が攻め込んでくることは避けられないとみた。問題はそれがいつか、だった。

「ダイヤグラムを組んでみたんですね。そして、それをやってみると、だいたい……これ、参謀本部と共同でやってみて、いろいろやってみると『だいたい9月ごろ、8月ごろに第一線が終わる』と。『兵隊たちがそろう』と。『それから後、兵隊輸送が2〜3カ月続く』と。それでそうすれば、だいたいが10月ないし11月と……」

冬になれば、ソ連軍といえども極寒のシベリアで軍事行動は難しくなる。7月に大本営が下した判断は「8〜9月にも厳重な警戒は必要だ」としながら、「年内にソ連が攻めてくる可能性は少ない」というものだった。時間をかせぎたいという日本の願望が、予測を後ろへ後ろへと遅らせた。

同じころ、アメリカ、イギリス、ソ連の首脳が戦後処理を話し合う、ポツダム会談が開かれていた。その席でスターリンは、アメリカのハリー・トルーマン大統領から、「尋常ならざる破壊力を持つ新兵器」ができたと耳打ちされる。スターリンはこれが、アメリカにいるスパイが知らせてきた原子爆弾だと気付いた。

5カ月前のヤルタ会談で、スターリンは南樺太や千島列島の領有などと引き換えに、日本への参戦を米英両国の首脳と密約していた。だが、両国は一転してソ連抜きで日本の戦後処理を進めようとしていた。ソ連も約束の分け前を取る——。日本が降伏する前に宣戦を布告するべく、スターリンは開戦準備を前倒しさせた。

日本の傀儡《かいらい》国家を舞台にしたスパイ戦は、そこに以前から暮らしていた人々の多くを味方にできないまま、ソ連に後れをとり続けた。現場の情報を軽んじ、大局的な視野を持たないまま総力戦に突き進んだ日本。戦況が悪化すると、満州国は本土を守る「防波堤」とされ、こうした情報を知らされなかった多くの民間人を巻き添えにした。

第7章●ソ連軍の侵攻を眼前に

関東軍幹部らは希望的観測にすがった。鉄道輸送や諜報活動が盛んになるなど、国境付近の不穏な動きを意図的に見過ごした結果、ソ連軍の満州侵攻は〝見込み〟より早いものとなった。満州国のほとんどを放棄して朝鮮との国境付近に立てこもり、「持久戦」を展開する予定だった関東軍の幹部らは、ソ連侵攻が現実になると右往左往を繰り返した。浮き彫りになったのは、「無敗」を信じて停戦などに関わる交戦法規の基礎知識を欠いていた、幹部将校らの国際感覚の欠如だった。意思決定の場にいた元幹部らが赤裸々な肉声を残していた。

見逃された前兆

ソ連の満州侵攻は、関東軍が予測していたよりも早く現実のものとなった。

だが、予兆らしき出来事は少し前から続いていた。関東軍の情報担当課長だった浅田三郎は、すでに1945年の初頭から、「諜者が増えたな」と感じていたという。「女の人が一人で逃げて来たんだ。それから神父が一人で逃げて来た。みんなロシア人です。『逃亡者だ』といって捕まえましたが、調べてみると『帰って報告しないとお前は首にするぞと脅かされたから来ました』と……」と振り返る。こうした自称「逃亡者」らは、ソ連当局から脅され、無理やり越境と敵情視察をさせられた一般市民らだった。

満州国の最北端に展開していた第123師団参謀長の土田穣は同年春、ソ連領内の鉄道支線の先に、物資を降ろす施設が作られたことに気付いていたという。

ソ連の侵攻は「予想より早かった」と、関東軍作戦主任参謀だった草地貞吾は認めている。8月に入ると、国境の向こう側の動きはさらに激しくなった。5～6日には、東部国境の興凱湖付近でソ連軍が1個小隊ほど侵入し、発砲までした。7～8日ごろには西端の満州里付近で、国境のすぐ近くにまで相当多くの斥候の姿が見えていたそうだ。だが、大本営が言う「北方静諜確保」はさらに厳しくなっており、「相手がそう来ても、こちらの方は見て見ぬふりをしておるというような状態が、現地においても多かった」という。

土田も、「8月初め、黒竜江の対岸付近に、敵の将校らしいやつが5～6人、地図を見ながらこちらを見ておるんですよ。そういう状況があったんです」と打ち明けた。だが、「初めから、戦がないという風にもう頭に染み込んでいるもんですから」「敵はそう早くは来ないだろうという判断をしとった」という。

クックス博士が「敵はとても上手に戦闘の準備をカモフラージュしておりましたのでしょうか?」と問いかけると、土田は「敵がカモフラージュするよりも、こちらの頭が……。要するに、プア・スタッフオフィサー（出来の悪い参謀将校）がおると、そういうことになるんです」と、自嘲気味に答えている。

その日、関東軍総司令部は

ソ連は1945年8月8日午後11時過ぎ（モスクワ時間午後5時過ぎ）、日本に宣戦を布告した。国境付近に展開していた約170万もの兵力は9日未明、満州国へ攻め入った。

公刊戦史によれば、関東軍総司令部がソ連軍の侵攻を知ったのは午前1時。草地は総司令部のすぐ近くにあった自分の官舎にいて、当直参謀からの電話で起こされたと振り返る。一報は、「東部国境方面から一部のソ連軍が侵入するような兆候がある。それから、牡丹江付近が向こうの爆撃を受けた」との内容だったという。「これはことが容易ではない」と、総司令部の全要員が大急ぎで集結した。

草地らが最初に警戒したのは、首都・新京（現・長春）への大規模な空襲だったという。天守閣を思わせる関東軍総司令部の庁舎は、新京でも目立つ建物だった。「やられたら、処置ない」と考え、夜明けまでの3～4時間のうちに約4キロ離れた「南嶺戦闘司令所」へ、トラックを何十台か連ねて総司令部の機能を移動させた。この司令所は1942年ごろ、万一に備えて地下に作った施設だった。

だが、新京への空襲は、近郊の寛城子で小規模なものが1回だけだった。

「もう新京などの爆撃をやらなくても、十分に濡れ手に粟《あわ》でこの満州というものを取れると。取れるようなものを爆撃して、壊しては損だというつもりだったかもしれません」と草地は語る。公刊戦史によれば、南嶺戦闘司令所は数年来放置されたままで、地下施設の床には雨水が溜まり、電話は1回線も引かれていなかったという。恐れていた空襲がなかったことから、11

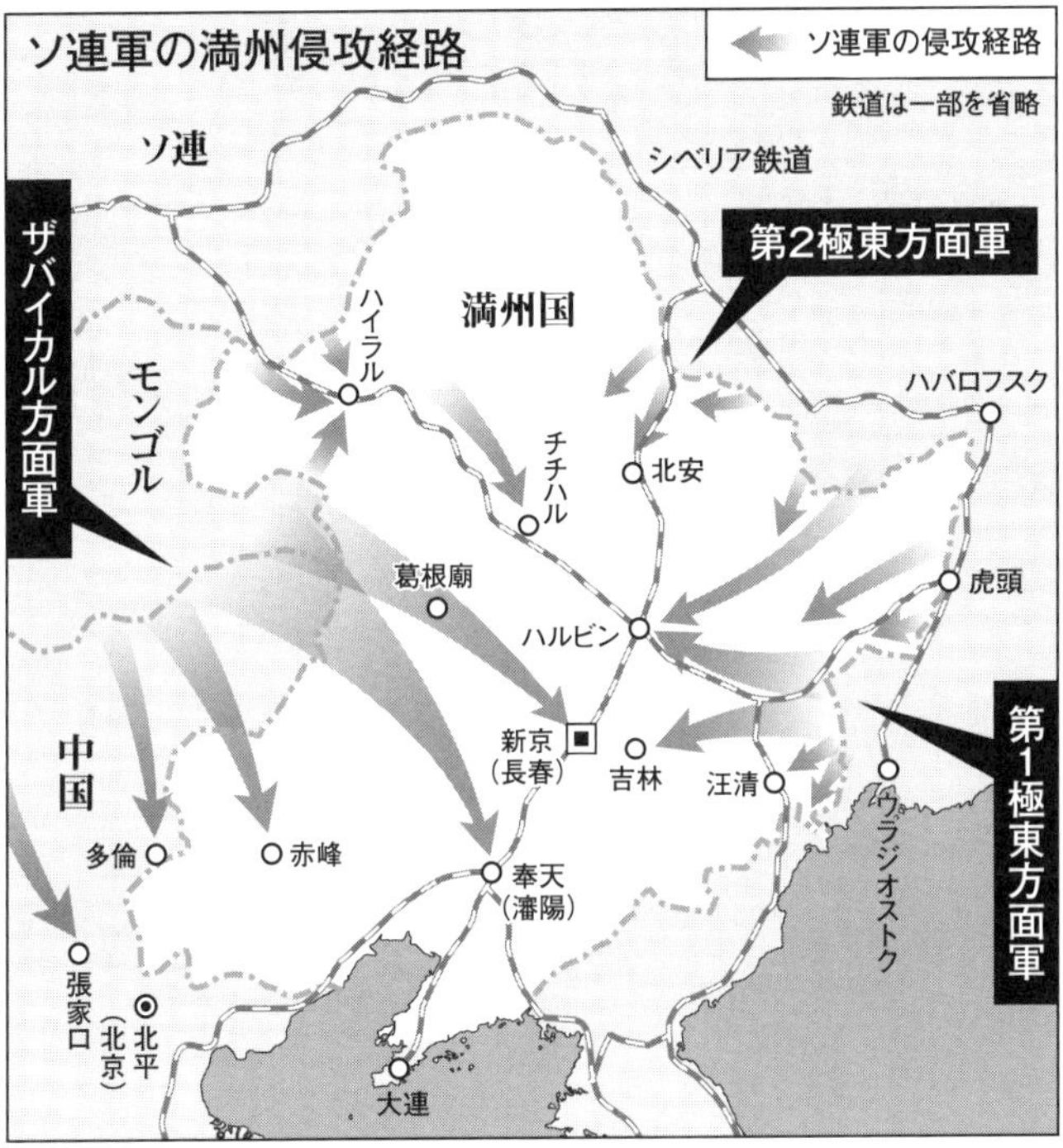

日には再び、総司令部は元の建物へ戻ることになった。

国境付近にいた部隊は、かねて作ってあった「国境警備要綱」などに従って当面の戦闘を開始した。草地によれば、「そこに関東軍から、またこれをおっかぶせる命令」が出され、さらに大本営からソ連軍との戦闘を正式に認める命令が出されたとのこと。大本営からの命令が草地らに届いたのは、「9日の、おそらく夕方あたりになって」からだったという。

公刊戦史によれば、9日に大本営が出した命令は対ソ戦の準備を求めたもので、大本営が対ソ戦の全面的な発動を命じたのは10日になってからだった。

右往左往の末に

折悪しく、関東軍の山田乙三総司令官は7日から大連へ出張中だった。「重大な問題があったから」で、「いざという時はいつでも関東軍総司令部に戻れるような汽車と飛行機の準備は整えて」あったと、草地はクックス博士に弁解めいた説明をした。9日にソ連の侵攻が始まって急きょ呼び戻され、飛行機で新京に着いたのは同日の昼ごろ。その足で南嶺の司令所へ姿を見せた。

草地によれば、南嶺から再び新京へ戻った総司令部が計画に従って通化へ移動を開始したのは11日からで、その動きは12日に本格化した。一方で彼は10日、急きょ奉天（現・瀋陽）へ向かった。奉天にいた第3方面軍の司令官、後宮《うしろく》淳大将が早まってソ連軍に決戦を挑まないよう、持久戦の方針を念押しするためだったという。

山田総司令官は11日に南嶺から総司令部へ戻り、12日に通化へ飛行機で移動した。草地や総参謀長だった秦彦三郎らも13日午後、後を追った。通化の飛行場は狭いため大きな飛行機は使えず、5人乗りの「『スーパー』と称する」「グライダーみたいな飛行機」に乗り、2~3時間を要したという。13日夜から14日午前にかけ、草地ら関東軍の作戦参謀は不眠不休で状況の把握と各部隊への連絡案作りにあたった。

山田乙三陸軍大将。関東軍総司令官、駐満州全権大使、関東長官を兼務し、傀儡国家・満州国の事実上のトップだった＝1944年12月

極東国際軍事裁判（東京裁判）で、証人台に座る松村知勝（中央）＝1946年10月18日、東京・市ケ谷の旧陸軍士官学校講堂の法廷

元関東軍参謀の瀬島龍三。11年間のシベリア抑留を経て帰国後、伊藤忠商事に入社。副社長や会長を歴任し、財界人として辣腕をふるった＝1984年

だが、14日午後、「東京からいろいろと重大なことを言ってきて、第2課（情報課）だけでは処置しかねる」と言われ、山田、秦、総参謀副長の松村知勝、草地、参謀だった瀬島龍三の計5人は、再び新京へ戻ることになった。その日の夜、東京から、「明15日正午、重大な御放送がある」との電報が届いた。放送に「御」の字が付いていたので、天皇による放送であろうと草地は察したが、「最後までがんばってやれ」か、「戦を止めることになった」のかは、見当が付かなかったという。

「御放送」の通告に、総司令部はどう対応したのか。「大きな変化があるのに、直前に（命令を）出しても仕方ありませんから。だから15日の昼までは、総司令部自体としてはこれという大きな処置はとっていない」と、草地は語った。

傀儡《かいらい》国家・満州国は、関東軍の独断専行で生まれた。だが、滅亡に直面してその総司令部がとった判断は「指示待ち」だった。

民間人とラストエンペラーの運命

「それから、満州国皇帝という人がおりまして。溥儀皇帝」

日本の天皇や皇族のことに触れる時とは明らかに違った口調で、草地はクックス博士に語った。関東軍の司令官や幕僚らが航空機で通化へ移動するなか、ラストエンペラーこと愛新覚羅溥儀の一行は12日、特別列車を仕立てて通化の方面へ移動を始めた。

「満州国っちゅうのも、ずいぶんいろんな政府とかなんとか、官庁が日本と同じでたくさんありましたから、ああいうようないろんな役人なんかも12日か13日ごろ、どんどんどん汽車で通化の方に行ったの」と、草地は振り返る。開拓団員や一般の民間人が置き去りにされるなか、高級軍人や官僚らは家族を連れ、汽車で南へと逃れて行った。

総参謀副長だった松村知勝によれば、ソ連の侵攻が実際に始まるまで、政府要人でも「満州人の方は、何も作戦計画を知らない」ままにされたという。

満州国国務総理大臣・張景恵は、関東軍総司令官・山田乙三が通化へ発った直後、「新京を無防備都市にしてほしい」と、総参謀長・秦彦三郎のところへ頼み込みに来た。いっそ、軍隊をすべて新京から退去させて戦時国際法に基づく「無防備都市宣言」をすれば、街はソ連軍の攻撃を免れることができるという主張だ。だが、秦は「司令官に聞かにゃ、そんなこと分からん」と言って突っぱねたという。

溥儀らは通化から約70キロも東に離れた、朝鮮との国境に面した大栗子という炭鉱の事務所

ソ連軍に身柄を拘束され、尋問を受ける溥儀。元政治将校ジェルバコフ少尉の遺品の中から見つかった

に身を寄せた。「結局、皇帝といえども、いい場所はないですから」と草地は語る。満州国の「飾り物」だった皇帝は、傀儡国家というひな壇が崩壊して居場所を失った。だが、「演じなければならない芝居がもう一幕あった」と、溥儀は戦後、自伝に記した。

17日、用意された詔書を読み上げ、退位を表明することだった。

そして19日昼ごろ、溥儀は日本へ向かおうとして奉天の飛行場へ移動したところで、ソ連軍に身柄を拘束された。草地によれば、通化の飛行場は狭くて日本へ飛べる機体は離陸できず、溥儀を飛び立たせるのを奉天にするか、平壌にするか、議論になったという。国境をまたいだ平壌は通信事情が悪いと判断し、奉天から飛ぶことに決めたのが裏目に出た。

「ただしかし……、あの時皇帝が内地に来とったらどうなるか」と、草地は語る。

「内地に来て……戦犯で軍事裁判みたいなのに引っかかれば、非常に困るんです。日本の皇室との関係がある。満州国皇帝が引っかかれば、今度は日本の陛下の方も同じというので、引っかかるかも分からない」

存亡の危機に直面した関東軍参謀らの関心事は、満州国の防衛でも住民の安全確保でもなかった。ひとえに国体、すなわち天皇を頂点とした国家機構の維持にあった。

遅れる停戦命令

関東軍の幹部らは8月15日の正午、総司令部で玉音放送を聞いた。

「終戦に関する事柄であって、『耐えがたきを耐え、忍びがたきを忍』んでやらねばならないぞというような、だいたいの意味が分かった程度。一語一句が明瞭には聞き取れなかった」と、草地は振り返る。

「今まで（敵に）斬り込んどったものが、斬り込まないようなことにパッと転換したわけですから。……ところが、御放送というのは一つの『まつりごと』でありまして、停戦の命令ではない」。総司令部は、東京と連絡を取りながら停戦命令を待った。

「ソ連の方も戦を止めるわけじゃない。彼らは（スターリンの）命令によってどんどん来とる」。

この間にも、最前線で死者は増えていた。

総司令官・山田の命令により同日午後2時ごろ、総参謀副長の松村知勝が急きょ、「一偵」で東京へ飛んだ。参謀本部との連絡調整のためだった。立川の飛行場には着陸できず、午後6時ごろ、所沢の飛行場に到着した。あちこちに問い合わせてサイドカーを借り、東京の大本営に着いたのは同9時ごろだったという。

陸軍としては、まず停戦命令を出さねばならない。だが、松村は振り返る。「命令が書けないんです。誰もが『俺は嫌だ』って言って、ガタガタガタガタしていました。……早く命令をもらわなくちゃ準備ができないので、『早く出せ』って言うわけですけれども」

松村は「その夜、ようやく参謀総長（梅津美治郎）が案を書いたわけです」と語る。一方、作家の半藤一利は、著書「ソ連が満洲に侵攻した夏」（文藝春秋、1999年）で、作戦課長の天野正一が「結局、俺が書かねばならないか」とつぶやいた様子を書きとめた。いずれにせよ、普段なら決済する立場の幹部が命令案を書き、天皇の裁可を受けた。この間にも、最前線では死者が増えていた。

徹底抗戦の断念

同じころ、新京の関東軍総司令部では最後の幕僚会議が開かれていた。草地貞吾は「15日の夜中」とクックス博士に語ったが、公刊戦史は16日午後8時から、としている。

草地によれば、大きな机の周囲に集まった幕僚約20人のうち、15人は停戦に反対だった。みな興奮していた。「最後の一兵に至るまで抗戦する」。そう主張する幕僚らを、「すでに大号令が発せられた以上、これに従うより他に道はない」「これで戦をするようなことがあれば、もう日本は滅びてしまう」と、草地は二度も三度も説得を繰り返した。最後に総参謀長の秦彦三郎が、「陛下の命令に従う以外に、忠誠の道は考えられない。従わない者は、永久に乱臣賊子である」と忠誠心に訴え、「あくまで抗戦を主張する者は、よろしく我らの首を刎《は》ね、しかる後に行け」と涙ながらに説得し、やっと納得させたという。

一方、東京に派遣された松村は、何度か草地と電話で連絡を交わしながら大本営と情報を交換し、17日夕方に新京へ戻った。ソ連軍が一向に攻撃を止めないため、米軍のダグラス・マッカーサー司令官の命令を待たずに、関東軍が現地で停戦協定を結んでも構わないという許可を大本営から取り付けたうえでの帰還だった。

同じ17日午後、昭和天皇のいとこで1945年7月まで関東軍参謀だった竹田宮が、松村とは別の機で、天皇の名代として大本営から新京へ派遣された。竹田宮は総司令部に集まった将校ら約150人を前に、停戦に関する注意事項を約1時間にわたって説明した。

停戦と武装解除が次の問題となった。公刊戦史によれば17日朝の段階で、秦はハルビン特務機関を通じてソ連軍に交渉を申し入れていた。19日、ソ連の第1極東方面軍司令部があったジャリコーヴォへ、秦に瀬島龍三、野原博起、大前正奇の3参謀を加えた計4人が空路で出向き、停戦交渉がなされたという。

同じ日の正午ごろ、新京飛行場にはソ連軍の軍使らが到着した。この時の模様を、空港に出迎えた松村がクックス博士に語っている。

最初はおとなしかったソ連軍

松村によれば、新京の軍用飛行場へ進駐してきたのは、大佐が率いる100人ほどの一団だった。満州全体ではなく、新京一帯に限った武装解除が任務だと告げられたため、それなら当該の守備部隊と直接交渉してほしいと伝えて市内まで案内し、関東軍総司令部は直接関わらなかったという。続いて別の商用飛行場に、「軍使」と称する中佐がやって来た。「おそらく間違えてこっちに着いちゃったんでしょうな。自分独り。それでほわほわしている。『連れて行ってくれ』と言うんで、新京に連れて来ちゃった」

引き続いて同じ19日の午後、新京、奉天、ハルビン、チチハルなど主要な飛行場に、ソ連軍の空挺部隊が乗り込んできた。

この時点では、ソ連軍将校らは「あんまり乱暴でもなかった」と、松村は語る。草地も、「ソ連軍も来た時は非常にみんな、おっかなびっくりで……日本軍に斬られるんじゃないかとみんな心配しておりました」と振り返った。その日の深夜、停戦交渉に行った秦らが帰ってきた。「武装解除に際し、都市などの権力も一切をソ連に引き渡す」「軍隊、軍需品の大なる移動は行わない」「日本軍の名誉を重んじる」「ソ連の進駐までは日本軍は警備を担任し、ソ連の進出後、日本軍は自体の武装を解除する」といった「協定」を成立させてきたという。

だが、雲行きは怪しくなっていった。22日には関東軍総司令部はソ連軍に接収され、総司令部の将校らは2キロ近く離れた日本軍の海軍武官府へと移動させられた。建物の大きさは4分の1〜5分の1しかなく、入りきれない幕僚は隣の日本人学校で寝起きしたという。彼らはそこからほとんど一歩も外へ出ることは許されず、9月5日に正式に武装解除され、6日にシベリア方面へ送られていくことになる。

8月22日以降のソ連軍の振る舞いを、彼らは直接見ることはなかった。略奪、強姦などの嵐が吹き荒れたが、その実態は「人からいろいろ聞いた」範囲にとどまったという。

欠けていたもの

関東軍の首脳らがジャリコーヴォで結んだ「協定」は、結局、ソ連軍には全く顧みられなかった。「軍隊や軍需品は持ち出されない」どころか、公私の分け隔てなくあらゆるものが大々的に略奪され、56万人を超す日本人がシベリアへ送られて強制労働を強いられることになった。

2021年に死去した作家の半藤一利は、著書「ソ連が満洲に侵攻した夏」で、関東軍が「協定」と称したものは、しょせん「正式の『停戦協定』というべきものではな」かったと述べ、ソ連軍からみれば「せいぜい『停戦交渉』でしかなく、こちらは努力を約しただけで、なんら具体的な結論がでたわけではない」と指摘している。

この時点で、日本の敗戦処理を担う連合軍の最高司令官をマッカーサーと決めた米英の方針を、ソ連は全面的には受け入れていなかった。加えて、8月15日の「玉音放送」についてのソ連側の見解は、「日本は無条件降伏の意向を表明しただけであり、正式な降伏文書への調印がなされるまで戦争は終わっておらず、満州への侵攻を止める理由はない」というものだった。「事実、降伏にかんする正式の協定を結びたいのなら、日本政府・大本営が天皇の全権委任状をもった使節を送らねばならなかった」と、半藤は記した。加えて、ジャリコーヴォでの交渉に臨んだ参謀の瀬島が、賠償の一環としてシベリア抑留について何らかの言質をソ連側に与えたのではないかとする指摘にも、「政府を代表しない下ッ端参謀が賠償の話など持ち出せるわけがないし、発言権のあろうはずもない」と一蹴した。

敗戦に直面して関東軍が守ろうとしたのは、陸海軍や政府の中枢と同様、天皇を頂点とした日本の「国体」だった。そして、独断専行を得意技としてきた組織は、最悪の事態への想像力を決定的に欠いていた。

日本よりも3カ月早く無条件降伏したドイツに対し、ソ連は自国復興のための労働力として400万人もの捕虜の引き渡しを要求する方針だという記事が、7月9日付の朝日新聞に掲載されている。関東軍の幹部らがジャリコーヴォでまず何よりもしなければならなかったのは、「皇軍の名誉」などではなく、国際法を根拠に、捕虜の送還に関する手続きや規定について話し合うことだったと半藤は記し、「当時の日本人がいかに世界を知らなかったことか、悲しくも情けなく思えてならない」と悔しがっている。

第8章●悲しきスメルトニク

ソ連軍が侵攻を続ける満州では、関東軍総司令部にいた幕僚らの語りからは想像もつかない戦闘や惨劇が繰り広げられていた。公的な記録が乏しく、一般にあまり知られていない存在の一つに、ソ連軍を攪乱することだけを目的としていたゲリラ部隊がある。聞き取り記録に残されていた部隊長らによる貴重な証言を、この章では取り上げる。そして、取り残された者たちはどうなったのか。戦禍の最前線に投げ出されて虐殺に遭遇した人の体験や、帰らぬ家族を待ち続けた人の戦後を、証言記録の補足として筆者の過去の取材から記す。

「スメルトニク」と呼ばれたゲリラ部隊

関東軍の幹部らが右往左往の末に降伏を決めた後も、抗戦を続けた部隊は存在した。有名な例として、東部国境に築かれた虎頭要塞の守備隊がある。彼らは1945年8月26日まで戦闘を続けた。要塞に身を寄せた開拓団員も含め、立てこもった2500人余のうち53人しか生き残らなかった。その戦いは、「第2次世界大戦最後の激戦」と呼ばれている。

一方、守勢に回るのではなく、ソ連軍の後方をかき乱すことだけを目的とした部隊の存在は、これまで注目されることは少なかった。

それは、関東軍が従来信奉していた「銃剣突撃主義」をかなぐり捨てて編成した、ゲリラ部隊だった。部隊長をはじめ、編成や訓練にあたった複数の将校の肉声が、クックス博士の証言録音に含まれていた。

これらの部隊の行動は、公刊戦史には記されていない。

一方、分野によっては公刊戦史よりも記述が詳しく、大戦末期の日ソ戦の基本文献として知られる中山隆志の「満洲――1945・8・9　ソ連軍進攻と日本軍」（国書刊行会、1990年）は、約2ページを割いてこれらの部隊の戦闘について記録している。このゲリラ部隊は、

「昼はじっと我慢し、夜間に挺進《ていしん》斬り込みをして敵を混乱減殺してその行動を制約する」ことが目的で、3人一組の「組戦法」を基本としていたという。関東軍が無条件降伏を受け入れても、彼らの活動は続いたため、「ソ連軍は対応に手を焼き、早く戦闘をやめるよう日本軍司令部に要請」し、隊長の「逮捕命令も出されたようである」とある。

彼らはソ連軍から、決死隊を意味する「スメルトニク」と名付けられた。満州国の占領後に暴虐を尽くしたソ連軍だったが、彼らには心底おびえた様子がうかがえる。

「銃すら要らない」ゲリラ戦法

証言録音によれば、車両や砲の操作に長じた兵や士官を集めてゲリラ部隊の訓練が本格化したのは、1945年5月ごろだったという。ゲリラ部隊は、大隊規模のものが挺進大隊、その上の連隊規模は遊撃隊、さらにその上は機動旅団と名付けられた。

ゲリラ戦の訓練を担当したのは、機動旅団の内山二三夫大尉だった。機動旅団の中に遊撃戦の教育を担当する大隊が作られ、南方のコタバル戦線などで各種の機動戦の経験を積んでいた内山が教官に着任したという。潜入工作、対戦車攻撃、敵の勢力圏での生存技術などの科目があり、「私なんかが（それらの）教官を全部やらされた」と、説明した。

この部隊は歩兵なのか、工兵なのか——。兵種を尋ねたクックス博士に、内山は「歩兵はおります。戦車兵おります。工兵おります。砲兵おります。何の戦でもやる。爆薬も使えるし、敵の戦車を取ったらそれも操縦できるし、橋は壊すし自分でも作るし、何でもやるわけ。……だから兵科が、兵種がないわけですよ」と答えている。

機動旅団の「機動」は車両を意味するのかという重ねての問いに、内山は「車というものは、もう全然着想ないです。機敏に動くっていう意味ですよ」と、返した。「敵の戦車でも何でも使う。とにかく奇襲をして取ったものを使う。……最後には銃すら要らない。手榴弾と護拳（手指の保護具）があればいい」「私たちは土の下へ潜っている。その上を戦車でも何でも、どんどん走らせて。……土から顔を上げて出て、後ろをたたこうと。あるいは高等司令部を襲撃してやっつける、あるいは弾薬集積所をやっつける」のだと語った。

内山らは6月ごろから、対ソ戦に備えて東部国境の街、琿春の近くに布陣した。7月末には大隊本部の場所を決め、「関東軍地質調査班」と称して家を借り、拠点作りを進めた。ソ連軍の侵攻は「おそらく9月か10月であろう」と見込んでいたという。

虚を突かれて戦闘開始

ソ連軍が満州国へ侵攻してくるとなれば、最大兵力は西部国境からであろうと、内山は予測していた。だが、「ノモンハンあたりから大きな矢印が来たとしても、我々は生息できない。砂漠へ行ったら、いくら隠れようと思っても、隠れていられない」と判断したという。「第2次的な重点だけれども、ここなら密林が多い」という理由で、東部国境の一帯がゲリラ戦の舞台に選ばれた。

密林で敵を攪乱《かくらん》しながら戦い続けるため、訓練目標の一つに、装備を背負って1日だけなら120キロ、3日間なら300キロを徒歩で移動できるようになることが挙げられていた。敵の勢力圏に入ってしまった後でも拠点にできる地下壕などの施設を、8月20日までに完成させるよう、内山は部下たちに命じた。

だが、先手を打ったのはソ連軍だった。

内山がソ連軍の侵攻を知ったのは、間が悪いことに、部隊の主力を離れて管内を視察中の時だった。東寧の南西約40キロの山中で主力と合流する機会をうかがいながら、内山は近くにいた約60人の兵を従えて行動を開始した。

一帯では、すでに散発的に戦闘が始まりつつあった。10日夜には、日本軍の服装を着けた「武装諜者」が一帯に入り込んできたという。朝鮮人が主体だった。日本陸軍は1938年6月に兵装を一新し、従来あった歩兵は赤、砲兵は黄色といった襟章の兵科の区別をなくしていたが、彼らの軍服にはその標示が着いていたので、すぐそれと分かった。それらの部隊とは大きな戦闘にはならなかったが、ある中隊は潜伏していた拠点を割り出されそうになり、移動を余儀なくされた。彼らは「結局、朝鮮へ行って、今の北朝鮮の主体になった」という。

1945年8月11日未明には、合流できないままでいた中隊の一つがソ連軍戦車と戦って散り散りになったという情報が入ってきた。「遊撃隊としては最も恥ずべき戦闘」と、内山は評する。「ろくな爆薬も持ってないのに戦車と交戦しちゃって。……強いものが来たら隠れていろって教えたんです。……でも、若造だもんだからそれが分からなくて」

ホイッスルの合図とともに

内山は大急ぎでゲリラ戦の態勢を整えた。

密林の中の見えにくい場所に八錐形の天幕を張って本部とし、隊員の残り半数は洞窟に潜ませた。手持ちの爆薬は限られていたので、全部手作りの手榴弾にした。監視兵を要所に置き、敵戦力の出入りを把握する仕組みを整えた。爆薬を浪費する戦車への攻撃は禁止し、トラックは「やってもいい」けれど、自分が許可したもの以外は攻撃してはいけないと命じた。戦車よりも、燃料の補給を攻撃する。砲撃があれば、砲兵を狙う。高等司令部が来たら、将軍を狙う――。要するに「殴り込むんですよ」と、内山は語った。

ゲリラ部隊が態勢を整え、夜襲を始めたのは14日からだったという。

居場所を探知されないよう少し離れた山奥に置いていた無線班が15日、「停戦」を受信した。だが、「もちろんこれは嘘だ。敵の謀略であろう」と、内山は受け付けなかった。連隊長から正式な命令があるまでは戦闘を続ける決意だった。

「ここに入ってきた（ソ連軍の）部隊は、囚人部隊なんです。……要するに愚連隊なんです」。だから「警戒は非常に下手だった」という。「すごく悪いことを日本人の女なんかにしたし、同時に弱い。警戒心が悪くて弱くて、殴り込んでいく時には、降参、降参ってやるんですがね」

昼間は森に潜み、深夜になると10人ほどを連れて幕舎や武器庫を襲った。50人ほどのソ連兵が寝ている建物へ飛び込み、一人一部屋ずつ、暗闇の中で、手当たり次第に銃剣で突き、斬り付け、ホイッスルの合図で退却する戦法を繰り返した。昼間のうちに周到な偵察で退路を決め、撤収する際の集合場所と時刻を打ち合わせておいた。軍用犬でも追跡できないよう、退路は谷川を何回か渡るようにしていたという。

「動けなくなったら自決しろ」が、掟だった。「お前一人を助けるために4人が帰れなくなるんだ、と。それは精神教育としてやっていた」と、内山は語った。

「最高の目標」

ゲリラ部隊は、夜襲を特に多く仕掛けた8月14〜20日の間で、約１９０丁もの自動小銃を奪い取ったという。

ソ連軍はそれまで、内山の眼前をもっぱら南下していた。だが、17〜18日ごろから、戻ってくる部隊が目立つようになった。「敵は日本軍の主陣地にぶつかり、攻略が無理なので、別の正面に兵力転換しているんじゃないかと思っていた」。今から思えば「まぁ、甘い考えなんだけれども」と前置きして、内山は振り返った。

20日、拠点にほど近い老黒山（東寧の南南西約40キロ）にあった日本軍の車両修理基地跡に、ソ連軍の部隊司令部が移転してきたという情報がもたらされた。整備兵など1千人規模の人員だという。

「これは最高の目標だ」。ここをつぶせば一帯の敵を無力化できると考え、闇が深くなる月齢を見計らって襲撃を「26日午前0時から」と決め、入念な偵察に取りかかった。

五十数人が二手に分かれた。内山自身は23～24人を連れ、前夜の25日未明には突入地点の近くに身を潜めていた。丸1日かけて兵士や車両の出入りを見極め、午前0時ちょうどに「アカツリゴシ」と呼んでいた赤色の信号灯を打ち上げた。突入の合図だった。

宿舎を襲って人員を殺傷することを目的とした班と、戦車やトラックに火を放つ班に分かれ、訓練通りに十数分の間に与えられるだけの損害を与え、撤収する手はずだった。この襲撃では「人員殺傷よりも、むしろ兵器を焼くこと」に力点を置いたという。ホイッスルで一斉に引き揚げると、50～100メートル走ったところで「やっと（後方から）弾が来て、生き残り（のソ連兵）が撃って。でも全然当たらないんです。だから損害がない」。

この時の敵の損害を、内山はシベリアへ送られる際に裁判で聞かされた。それによると、200台の自動車と14両の戦車が燃やされ、死傷者は八十数人だったという。ソ連軍には女性兵士がいることは隊員らにも事前に知らせてはいたが、「これも戦闘員ですから」と結局、彼女たちに手加減することはなかったと、内山は打ち明けた。

各自が潜行しながら、襲撃部隊は27日朝までに拠点へ帰還した。自軍は戦死と行方不明が各2人、重軽傷が17人。これが戦闘をやめるまでの間で唯一、人的損害を出した事例だったという。全員が疲労困憊だったので、以後3日間は休養と決めた。転機が訪れようとしていた。

「浦島太郎」の甘さ

8月30日の昼ごろ、連隊長から内山にあてた暗号無線で命令が伝えられた。連隊本部はその時、東寧から南南西へ約80キロ離れた豊焼（南満州鉄道興寧線《現在は廃線》・豊焼駅）の北東側にいた。内山らからは南西へ十数キロ離れた地点だった。

「関東軍は大命（天皇の命令）により、停戦する。貴隊は速やかに攻撃を中止すべし」

この一文に続いて指示があった。9月2日までに豊焼へ来て、武器をソ連軍に引き渡せという。まさに青天の霹靂《へきれき》だった。

「私は降伏しない」

内山は激高した。暗号を使わない平文で応酬が始まった。「連隊長がそう言うのなら、私の地区に来てください。全連隊をまとめて、ここなら持久戦ができる」

だが、連隊長は「お前たちが抗戦することは、関東軍全体、日本国家にまで迷惑を及ぼす。とにかく戦はやめて俺の命令を聞いてくれ」と、重ねて懇願した。その晩、連隊長からの手紙を携えた将校が、敵中をかいくぐって内山の拠点まで訪ねてきた。

手紙は「これ以上やっても無駄だ」と、繰り返し説得する文面だった。同時に、ここ半月ほどの間に起きた、日本の無条件降伏の表明から満州国の崩壊、関東軍の武装解除に至る一連の出来事を、初めてこの将校から知らされた。

「私たちは全くここで浦島太郎のように孤立しとった」。時局の変転を知らないままゲリラ戦を続けていたことに、内山は気付いた。一晩考えた末、戦闘中止を決めた。

今度は内山が、いきり立つ隊員らを説得する番だった。「状況判断をして、戦をする必要があると思ったら私は帰ってくる」などと説き伏せ、31日の朝、負傷者も含む全隊員を連れて出発した。密林の中を潜行し、豊焼に着いたのが9月2日の朝だったという。

連隊長は「よく出てきてくれた。そこへ武器を置け。お前は日本へ帰るのだ」と、涙を流しながら喜んでくれた。すでに、その場にはソ連軍の将校がいた。「今晩、宿舎にご案内いたします」と告げられ、暗くなるまで待たされた。日没後に豊焼から約14キロ南の金蒼（同・金蒼駅）まで連れられ、真っ暗な中を「宿舎」へ案内された。中にはすでに、東寧一帯に布陣していた第128師団などの幹部らもいたという。

「楽観しておった。いわゆる『停戦』という言葉を……」と、内山は上官や自分たちの甘さを振り返る。翌3日朝、明るくなって気付けば、そこは鉄条網で厳重に取り囲まれた建物の中だった。待っていたのは、シベリアでの強制労働だった。

「うんと痛めつけてやる」

一方、北部国境で繰り広げられたゲリラ戦は、1万数千人のソ連軍を数日にわたって足止めする激戦となった。

北部の街、孫呉（現・黒竜江省黒河市孫呉県）にいた歩兵第123師団は、7月10日付で挺進大隊を編成していた。

すでに南方戦線へ兵力や装備を引き抜かれ、師団に残っていた砲は日露戦争時代のものだったという。軍馬はいたが、物資輸送に欠かせない挽き具はなかった。一方、特に北部や西部の国境に近い部隊では早い段階から食糧の自給策がとられ、師団や旅団ごとにブタを500～600頭ずつ飼い、現地農園も持っていたので食糧には不自由がなかったという。そんな状況下、決戦を見込んで各部隊でゲリラ戦に適した優秀な兵が選抜された。

人選を担当した師団参謀長の土田穰大佐は、「武器がないでしょ。で、結局、ゲリラでうんと敵を痛めつけてやろうというつもりでおった」と、クックス博士に語っている。

隊員は1千人余。前述の内山二三夫らから訓練を受けた露木甚造大尉が、挺進大隊長に選ばれた。車両や航空機に加えて野戦砲の操作にも通じ、戦車学校の教官を務めた経歴もあった露木は、「相手は近代兵器といえば戦車ですから、そういう意味で僕なんか抽出（選抜）されたんじゃないかと思う」と、振り返った。

夜間戦闘に練達させるため、露木は挺進大隊の発足と同時に隊員らに昼夜を逆転させ、昼間に眠り、深夜に訓練させた。格闘訓練では、銃剣を手に一人が10人に向かい、生き延びながら敵を殺傷する戦い方を徹底させた。戦闘は3人一組が基本で、この3人には日常生活も共にさせた。

武器がないので、人間が飛行機や砲の機能を果たすことを目指したという。ただし、「向こうは機械化兵団で、こっちは（長さ）75センチの足じゃ、つぶされちゃうから、一遍ぶつかったら向こうへ抜け」たうえで、背後から敵司令部や戦車を襲う作戦だった。隊員らに自決の覚悟を徹底させる一方、「ただ線香花火みたいに戦死してしまうと、それじゃやっぱりいけないんだ」として、「生き永らえて、命のあらん限り戦い続ける」よう求めた。

8月3日、普段なら大尉クラスなど立ち入り禁止だった師団司令部の作戦室に、露木は呼び出された。

「危ないんだ」

作戦室には、師団参謀長の土田と作戦主任参謀の村木曠中佐がいた。

3人でソ連軍の出方を検討するのだという。露木が「危ないんですか？」と尋ねると、土田は「危ないんだ」と答えた。希望的観測からソ連軍の侵攻を「秋以降」に想定しようとした関東軍総司令部よりも、国境に面した師団参謀らの見通しは厳しかった。

戦車部隊にどう対抗するのか。兵棋（部隊を模したコマ）を使って検討が始まった。

進撃してくる相手にいったん「下がれ」と言う土田に、露木は「向こうは機械化兵団だから下がれない。突き抜けていく」と反論した。「下がったら、主導権を失ってしまう。それを突き抜けると、わりあい自由になる」と主張する露木に、土田は「貴様の思う通りにやれ」と答えたという。露木は部隊に戻った後も、これらのやりとりを部下の中隊長らには伝えなかった。

第２次世界大戦期のソ連軍の主力戦車T-34。ウクライナ戦争のさなかも、かつての「大祖国戦争」の栄光を担う存在として、対独戦勝記念日にモスクワ中心部で開かれる軍事パレードの予行演習に登場した＝2023年５月７日

訓練内容を想定される戦闘地域に合わせたものに修正したうえ、「一生懸命やれ」とだけ命じた。

露木がソ連軍の侵攻を知ったのは、８月９日午前４時だったという。

北から飛行機の金属音が響き、やがて師団司令部から伝令が来た。露木は隊員らと水杯を交わし、部隊は戦車に肉薄攻撃する隊と、夜襲を仕掛ける隊とに分かれた。肉薄攻撃隊は、孫呉から約20キロ東の山間部に待ち構えた。

11日、ソ連の戦車部隊が現れた。

師団から支給された兵器は、７キロ爆弾が40個だった。１９３９年のノモンハン事件でソ連軍の主力だったＢＴ－５戦車は、火炎瓶で炎上した。だが、独ソ戦のころから主力となったＴ－34戦車は、７キロ爆弾を抱えた兵が装甲の一番薄い車体の底へ飛び込んで爆発させても、効果はなかった。

自爆攻撃ははね返され、またたく間に隊員37人が爆死した。

最期の言葉は…

「全然効かない」

伝令が泣きながら、報告に来た。

「こんなことでは戦にならないじゃないかっ」「いったい、何の準備しとってくださったんですかっ」。土田参謀長のもとに露木は怒鳴り込んだ。急いで爆弾を10キロに作り直させ、80個を戦場に運んだという。

夜襲部隊を率いた露木らは、付近の戦線から流れてきた兵士も含む約1千数百人とともに、1945年8月15日から2日2晩、孫呉の南約10キロの「秋月山」「南腰山」と名付けた一帯で、兵士の数だけでも10倍を超える約1万2千~1万3千のソ連機動部隊と死闘を繰り広げた。ゲリラ戦ではない、「全くの正面衝突」だった。

15日夜、「積極的戦闘行動を直ちに停止すべし。ただし、敵の攻撃に対しては、厳に警戒すべし」という、暗号化されていない電文を露木らは受信したという。だが、その前には「武装課者がたくさん入っている。攪乱されるな」という電文も入っていた。そのため念を入れて師団司令部に問い合わせてみたが、返信はなかったので「敵の謀略の可能性がある」とみて放置した。17日正午に再び、ほぼ同じ内容の電文が来たが、これも無視した。

いよいよソ連軍の包囲は狭まった。午後3時半、通信機などの機材をすべて捨てて兵を軽装にさせ、最後の突撃を指示した。

兵20人が残った爆弾を背負い、敵陣へ突入した。自爆攻撃で相手がひるんだところへ、残り全員が銃剣を手に突撃した。「兵が腹を撃ち抜かれても、腹が中から出ておっても、突撃していきました」。中隊長が対戦車砲で右手を吹き飛ばされた。彼は残った左手を露木らの方に向けて振った後、銃を口に突っ込み自決した。

力尽きる兵が相次いだ。

「その時は、兵なんぞはやっぱり『お母さん』て言いますね。腹なんか撃ち抜かれて『お母さーん』って」

その瞬間だけ声を少し落とし、露木は淡々と、だがつらそうに振り返った。

死闘から潜行へ

17日夕方まで、白兵戦は断続的に繰り返された。自動短銃を抱えた敵兵は、左腕を斬り付けられても残りの右腕で撃ってきた。そのため、露木は銃剣でひたすら敵兵の顔を狙った。顔面をやられると、相手は必ず自動小銃を手放して顔を押さえるので効果的だった。

「自分で号令かけて斬ってる。顔、顔って」

数えて、19人目まで斬った記憶があるという。左の脇腹を銃剣で突かれて深手を負ったが、傷口にガーゼを詰め込んで戦闘を続けた。

夜襲が得意な日本兵を相手に暗中の乱戦を恐れたのか、約3時間でソ連軍はいったん撤退した。露木はその時点で組織的抵抗を断念した。訓練を続けてきた3人一組によるゲリラ戦の継続を指示し、散り散りに潜行した。露木も、副官の山本、軍医の平田と3人一組になって行動した。

夜が来た。無人なのを確かめ、3人は勝手を知った自分たちの師団の倉庫へ忍び込んで仮眠を取った。だが、敵中行動に慣れきって図太くなり過ぎ、見張りをしなかったのが災いした。ソ連兵に見つかって引っ立てられ、地面に掘られた大きな穴の前に立たされた。

露木が「こんなところで死んじゃいかんぞ。『1、2の3』と号令かけたら、あいつの銃を取るぞ」と声をかけると、山本は「もう部隊長、あっさり逝きましょうや」と、答えたという。だが、取り囲んだ兵士の一人が銃を突きつけた瞬間、露木はその銃口をつかんで脇の一人を殴りつけ、露木と平田は一瞬の隙を走り抜けて眼前の崖を飛び降りた。

崖の下は運良く沼地だった。トラックのヘッドライトを照明代わりに銃が乱射されるなか、泥の中に潜んで2人は生き延びた。山本は射殺され、先ほどの穴に埋められたらしい。掃射が終わった後に這い出して一帯を捜したが、山本の死体が埋められたとみられる穴には砂が盛られ、掘り出しようがなかったという。

夜明けまで、民家の物置に隠れた。

翌日、赤い腕章を着けた地元住民とおぼしき2人組の見回りが、物置へやって来た。

精強ではあったが

2人の見回りは、露木たちが潜んでいる物置に入ってきた。「これ、あまり言いたくないですが……」と、露木はクックス博士に前置きをして、「この満人を殺した」と打ち明けた。

1人はドアを開けた瞬間に露木が首を絞め、2人目は平田が棒で、「ボコンと」やったという。うち一方の服を奪い、「もし発見されたら満人のふりをして、どこへでも潜って逃げろ」と命じて平田に着せた。

精強ではあった。だが、ゲリラ戦に最も必要なはずの地元民衆の支持が、挺進大隊には十分ではなかった。地元住民の多くをソ連側が使役していた。

昼間は「暑いけどうんと草をかぶって」畑に潜んだ。隠れている露木らの脇を、ソ連兵らがしゃべりながら行き交った。奪った小銃は捨てて拳銃と刀だけを持ち、夜間行動に徹した。ソ連製の小銃は使い慣れていなかったのと、それを持っていると捕まった時に具合が悪いと考えたためだった。

夜間に移動中、ソ連の戦車が見慣れない円陣を組んで停止しているのを目にした。後から聞いた話では、3人一組の挺進大隊員らが「窮鼠猫をかむ」破壊活動を繰り広げたため、ソ連軍が夜襲を恐れた末の「対策」だったという。

最初にいた陣地の跡にこっそり戻ると、ソ連軍が爆薬を処理中で、白旗が立っていた。日本軍の荷車が5〜6台やって来た。車列の前に姿を現し、指揮役の見習士官に名乗りを上げると、「逮捕命令が出ている」と知らされた。平田と一緒に荷台に潜り込んだ。荷車が動き出した途端、それまで平気だった傷口が急に痛み出した。

敵と自分の血にまみれた姿で師団司令部に出頭したのは、23日のことだった。隊員のうち、自力で戻ったりソ連軍に身柄を拘束されたりして、生還したのは約半数だったという。

露木らのゲリラ戦に手を焼いたソ連軍は「早く戦闘を終了するよう説得せよ」と、師団長らに要請していた。17日に受信した停戦命令は、そんな経緯で発信されたものの一つだったと知った。停戦後に戦場を掃除したところ、ソ連軍の戦車計14両が焼き打ちされているのが見つかったと、聞かされた。

「捨てられた部隊」

出頭した露木は、まず治療を受けた。赤十字の働きかけで、孫呉の病院はソ連兵も日本兵も治療していた。銃剣で突かれた脇腹の傷口には、ウジがわいていた。

「(傷口を)掃除されるのも痛くて。悲鳴上げちゃったんです。……軍医大佐が『貴様、意気地ないぞ』って」

大勢いたソ連の負傷兵は、みな「スメルトニクにやられた」と言っていた。街では略奪が横行していたが、挺進大隊の面々は一人も被害に遭わなかったという。

「非常に怖がっておりまして、終戦後も。挺進大隊のマークを」「私の部隊だけは、帯刀を許しました。終戦後も、師団長以下、全部、武装解除を受けたんですが、私の部隊だけは将校に帯刀を許しました」と、証言の最後に露木は振り返った。土田もシベリアへ送られた後、「スメルトニクというものについては非常に質問を受けました。ロシア人はむしろ、陣地で戦しておる者よりもゲリラが非常に怖かったらしい」と語っている。

抵抗が局地にとどまったこともあり、公刊戦史には挺進大隊の記述はほとんど出てこない。復員時に作られた部隊一覧表などによれば、関東軍の指揮下にあった24の師団や旅団が挺進大隊を編成していたとされる一方、実際に戦闘の記録が残るのは8~9部隊に過ぎなかった。

日本とロシア双方に残る記録を基に「日ソ戦争　1945年8月　棄てられた兵士と居留民」(みすず書房、2020年)を出版した富田武・成蹊大学名誉教授は、「挺進大隊の存在自体が『捨てられた部隊』だった」と指摘する。ロシアの軍事史家は、ソ連の侵攻時、満州国にいた日本軍は実数50万人ほどで、うち本当に戦闘したのは17万人程度とみているという。

だが、孫呉付近のソ連側の戦闘記録には、「敵は激しく抗戦し、スメルトニクは文字通り戦車の下に飛び込んだ。T-26が3両、T-34が1両(最後にT-26がもう1両)破壊された」(8

月18日付）などの記述があるという。

富田名誉教授は、これらの記述について「ソ連の兵士らが、スメルトニクをかなり恐れていたことは読み取れる」と指摘する一方、「このような激戦をした部隊はむしろ例外だし、日本側の元隊員らが後年記した戦果は割り引いて考える必要がある」と話す。

実際、土田は1950年に執筆した第123師団の作戦記録に、教えた通りに自爆攻撃をしたのはむしろ少数派で、「大多数の者は敵戦車の直前へ爆薬を投げ出して自分は退避した」と、書いた。続いて「人間性を無視した教育は実効を挙げることは困難である」と述べ、自爆攻撃よりも生きて継戦させる方が「さらに大きな効果を挙げただろう」としている。

生還の意味を求めて

露木がシベリア抑留を終えて帰国したのは、1950年4月だった。神奈川県開成町の郷里で農業をしながら、戦死した約500人の部隊員らの遺族を訪ねて回り、1958年に慰霊祭を開いた。

町議1期を経て1963年に町長選に立候補し、わずか7票差で当選を果たした。5期を務

神奈川県開成町長だったころの露木甚造＝1970年代

め、退任から1年余り後の１９８４年４月、心筋梗塞《こうそく》のため、71歳で死去した。

露木は在任中、取りつかれたように都市計画に力を入れた。１９６５年には、町の全域を開発に制限がかかる都市計画区域に指定した。一部地権者らの猛反対を押し切り、建設省（現・国土交通省）と直接交渉してまで実現にこぎ着けたが、人口が当時約６千人の県内最小の町としては、他に例を見ない施策だったとされる。

長男の順一（65）にとって、父親は、戦争の話ばかりして時にげんこつも飛んでくる煙たい存在だったという。早く家を出たい思いもあって一度は就職したが、父の死から14年を経た１９９８年に町長に当選し、13年間在任した。

町が先行取得した用地で１９７３年に小学校が建ち、甚造の死後の１９８５年、懸案だった小田急線の駅が大きなロータリーをそなえて開業した。都市計画による制限のためバブル期の乱開発を免れ、育児に適した土地のイメージが広まったという。町のＨＰによれば、２０２１

年9月1日時点の人口は、1万8387人。人口増加率と14歳以下の人口比が、県内の市町村で第1位という。順一は「都市計画の効果が本当に表れたのは、バブルの崩壊後でした。自分が直接関わって、おやじの目指した町づくりがやっと分かった」と語った。

順一は「直接聞いたことはないけれど、念頭には、先進的な都市計画で知られた満州の景観があったと思う。自分が生きて帰った意味を見つけたかったのではないでしょうか」と、父の心境を推し量った。

避難民の惨禍

本書は、アメリカに保管されている証言録音から、関東軍が満州で繰り広げていた諜報《ちょうほう》戦などの内実を解き明かそうというものだ。だが、彼らの言動の陰で開拓団員をはじめとした在留邦人や、兵士らが郷里に残してきた家族は、どんな目に遭ったのかという点にも、少しだけでも触れておかなければならないと考えている。

前述の挺進大隊や国境守備隊の一部を除けば、満州国へなだれ込んだソ連軍の前面に立たされたのは、各地に居留する民間邦人や開拓団員らだった。

1945年8月14日には、満州国の西部国境に近い葛根廟《かっこんびょう》付近で、避難民1千人以上が戦車部隊に虐殺される「葛根廟事件」が起きた。ソ連軍による民間人の殺害事件で、最大規模の一つとされる。

東京都練馬区の大島満吉（85）は、生存者の一人だ。

女性や子どもが大部分だった避難民約1300人の列に14日昼前、戦車14両を含むソ連軍部隊が追いついた。当時9歳だった大島らは、長く延びた列の後続を待つため休憩中だった。

葛根廟事件の様子を語る大島満吉＝2021年９月、東京都練馬区、永井靖二撮影

2歳の妹を背負った母が水筒を取り出している時、「戦車だ、逃げろ」と声が上がって人々が走り出した。エンジン音が近づき、丘の稜線《りょうせん》から戦車が現れ、人々に向けて機関銃の掃射を始めた。

戦車がうなりを上げてジグザグ走行し、立ちすくむ人、逃げ惑う人をひきつぶした。キャタピラの音、エンジンのきしみ、逃げ惑う人々の悲鳴……。機関銃の猛烈な掃射音とともに、人間の体が跳ね上がるのが見えた。大島は母と一緒に近くの溝に身を潜めた。一度、ソ連兵と視線が合ったが、自分たちには銃を向けず、ほかの方向を掃射して遠ざかった。必死でうずくまるうち、銃声は遠のいていった。

溝を這い上ると、何百という死体が折り重なっていた。

自決の直前に

やがて夜になり、生き残った人々も絶望のあまり自決を始めた。

母は2歳の妹の首に日本刀を当て、息の根を止めた。大島は母と一緒に在郷軍人に銃剣でとどめを刺してもらう直前、はぐれていた父と兄に見つけられ、救われた。生存者はわずか百数十人だった。

敗戦まで大島一家は、現場から北へ約30キロの興安（現・ウランホト）の街で工務店を営んでいた。街が空襲された11日朝、自宅へ水筒の水をくみに来た下士官は、「軍隊と一緒にいれば大丈夫です。大島さんたちだけなら、なんとかなるかも……」と言った。その意味に気がついたのは戦後になってからだったという。

軍関係者やその家族は、11日に列車で脱出していた。

大島は戦後、事件の関係者から証言を集め続けた。その中に、興安の特務機関に庶務係として勤めていた女性がいた。

その女性によれば、父親が10日に銀行へ預金をおろしに行ったが、軍が全部差し押さえ、民間人は引き出せなくなっていた。11日に出勤すると、職場は移動の準備でごった返していた。経理課で、札束が包みからはみ出しているのが見えたという。特務機関の職員だった自分だけが列車に乗れたため、家族6人と生き別れてしまった。帰国して約10年後、家族全員が葛根廟で命を絶たれたと知った。「悔やんでも悔やみきれない思いで生きてきた」と、女性は語っていた。

大島は「自分たちを置き去りにした軍隊に、憎しみや悔しさはさほど感じない」と言う。「ただ痛感したのは、軍隊が守ろうとしたのは、国体とそれに連なる軍隊の組織だけだったということ」。現場に取り残された乳幼児も多く、少なくとも32人が残留孤児になった。「地元の人たちが育てたのです。敵を『鬼畜米英』と呼んでいた自分たちに、同じことができたでしょうか?」

たった20日間の新婚生活

満州から命からがら引き揚げた人々は、京都・舞鶴港などに上陸した。泣きながら抱き合い再会を喜ぶ夫婦や親子の脇で、名札を手に夫や息子の消息を求める女性たちが、入港のたび数十人に達した。

２０１９年11月に１００歳で亡くなった尾崎利子は、そんな「岸壁の妻」の一人だった。尾崎は１９４５年春、８歳年上の伊津野《いづの》勲と満州国の首都・新京（現・長春）で結婚した。だが、その20日後に勲は関東軍に召集され、３カ月後に敗戦を迎えた。

消息不明の夫を捜す際に掲げていた紙片に見入る尾崎利子＝2009年３月、大阪府藤井寺市、永井靖二撮影

義父と新京の民家で越冬し、発疹チフスで死線をさまよいながらも１９４６年夏、博多港に上陸した。

勲の姿を求め、引き揚げ船が着岸するたび、京都市内の実家から、最初は復員者の列車が着く京都駅のホームへ、後に舞鶴港へと出かけ、夫の名を書いた紙を手に立った。勲は、西部国境近くでソ連軍と激戦を繰り広げた第１０７師団にいたらしい。その足どりは、内モンゴルの五叉溝で途絶えていた。夫は捕虜になったのだと信じた。

　１９５１年夏、講和条約の草案に日本人捕虜の送還を定めた条項を盛り込むよう求める運動が起こった。猛暑の７月27日、東京の集会で要求貫徹のため無期限の断食を始めた76人の中に、はちまき姿の尾崎もいた。夫に会いたい一心で、水だけで８日間の断食に耐えた。

　生死不明の未帰還者を、戦時死亡宣告する制度ができた。だが、尾崎は死亡宣告を拒否した。国あてに１９５８年３月、勲の消息の再調査を求める特別審査請求を出した。届いた回答は「死

引き揚げ船が着岸する舞鶴港を訪れ、父の顔も知らぬ幼児とともに名札を手に肉親を捜し求める家族ら。この日、入港した明優丸の引き揚げ者は2001人。厚生労働省によれば、女性が掲げる名札に合致する人名は、この時の引き揚げ者として残っている資料には存在しないという＝1948年５月７日、京都府舞鶴市

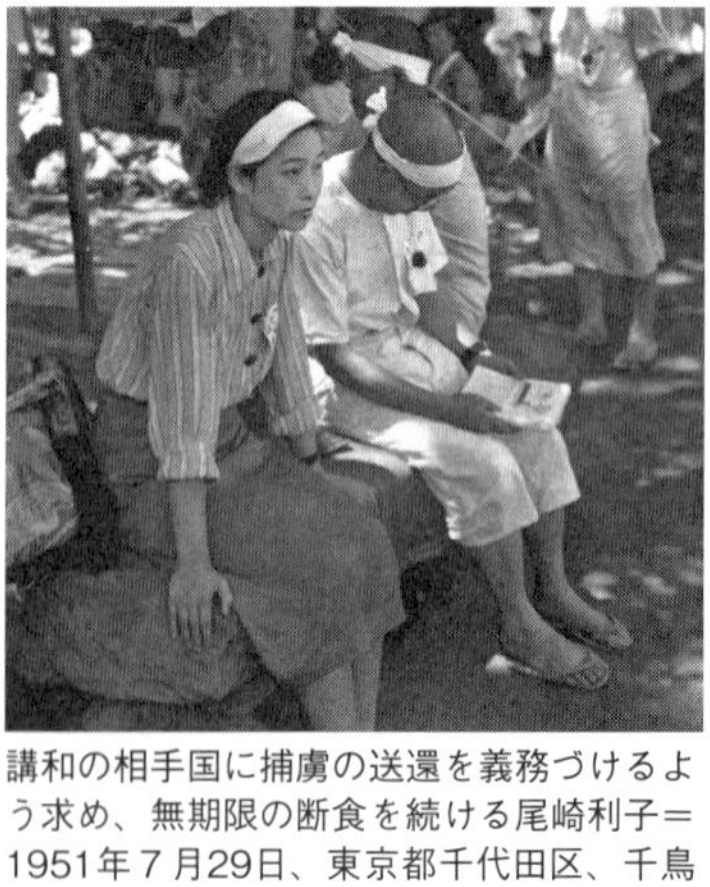

講和の相手国に捕虜の送還を義務づけるよう求め、無期限の断食を続ける尾崎利子＝1951年７月29日、東京都千代田区、千鳥ケ淵公園

亡したとみられる」だった。

受け取った戦死公報には死亡日が「昭和20年8月15日」となっていた。京都府庁で受け取った白木の箱に、名前を記した木片だけが入っていた。

満州から肌身離さず持ち帰っていた夫の毛髪と爪を入れ、墓に納めた。「赤紙1枚で兵隊に取り、行方不明だから死んだことにするのか」。無性に腹が立った。夫はどこかで生きていると信じようとした。

「岸壁の妻」たちの戦後

同じ境遇の妻たちが助け合おうと1958年2月、「めぐみ会」が発足し、尾崎が副会長になった。友人の勧めで1971年、弁護士だった尾崎亀太郎と51歳で見合い結婚した。20日間しか一緒に暮らせなかった夫を四半世紀待ち続けたが、「もう区切りをつけなければ」と、自分に言い聞かせた。

亀太郎も1998年6月に死去。独り暮らしの尾崎は亀太郎の遺産と私財をなげうって2006年、京都府宮津市にある兄の土地に、3階建ての福祉施設「千代の会　恵の苑《その》」を設立した。

尾崎は常々、「引き揚げ運動が自分の人生のすべてだった」と話していた。「めぐみ会」の機関紙「おとずれ」の発行や戦没者追悼行事、バザー、共済制度の創設など活動を切り回してきた。多い時は会員が約130人を数えた同会も高齢化が進み、2012年4月、54年間に及んだ活動を休止した。

「めぐみ会」の最後の集まりで、国宝・飛雲閣を背に記念撮影後、談笑する尾崎利子副会長（前列左から３人目）ら＝2012年４月18日午前、京都市下京区

尾崎は時折「生き延びた勲さんが地元の女性と子どもや孫をもうけていたらいいのに」と、夢想したという。「でも本当は戦死して野ざらしなんだろう。独りだけ取り残されて、かわいそうに……」と語っていた。
最後の日々を、尾崎は宮津市で過ごした。おいの小西哲生（56）によれば、激しい気性だった叔母も晩年はすっかり柔和になり、介護職員に車椅子で散歩してもらう時、よく童謡を口ずさんだという。

「でも施設の納税のことなどが話題になると、国への強い拒否感をあらわにしました。怒りをずっと抱き続けていたんだと思う」と、哲生は振り返った。

1946年春までに、ソ連軍の攻撃で日本の軍人と民間人の犠牲は、推計で24万人余りにのぼったとされる。

第9章 エピローグ・語られなかったこと

米軍と関係が深いうえ日本陸軍を専門に研究していたクックス博士の質問に、元特務機関員らはどの程度誠実に答えていたのか。終章は、彼らが「語らなかったこと」に目を向けた。博士はある事柄について質問を繰り返していた。これに対し、証言者らは異口同音に否定的な回答を口にする一方、ソ連側の似たような行為にはむしろ積極的に言及していた。その様子に、日本が大陸で繰り広げた様々な行為の闇の深さが浮かび上がる。敵側の非道は糾弾するが、自軍の行為には触れない。現代の国際紛争でもこの構図は繰り返されている。

繰り返された質問

「モーターライズド（動力化）された濾過器《ろか》……これが各師団にあるわけですよ。非常に活躍しましてね。濁水を全部濾過するわけです。これがだいたい3台あれば、1個師団分の給水には事欠かないんです」

ノモンハン事件に砲兵将校として従軍した井田（旧姓・岩田）正孝は、クックス博士の聞き取りに答え、最前線でありがたかった濾水器のことに触れた。

実はクックス博士は、何人かの元関東軍将校らにある事柄を繰り返し尋ねていた。細菌戦の研究や捕虜らへの人体実験で知られる、731部隊についてだった。同部隊はノモンハン事件でも最前線で活動したことが知られている。

博士の問いに対し、関東軍作戦主任参謀だった草地貞吾は「731部隊というのがあって、細菌戦関係あたりを研究なんかしとったのは事実のようです」としながら、「しかし、そういう非人道的なような、満州国の子どもとかなんとかをやったとかというようなことは、やりもしないし、やるべきものではないと、こう思います」と言い切っていた。

インタビュー全体で、クックス博士は草地をはじめ元参謀ら、少なくとも8人に、関東軍の

中国・黒竜江省ハルビン市に残る旧関東軍731部隊の施設跡＝2000年5月

防疫や給水に関わる話題を持ちかけた。

だが彼らは、731部隊長の石井四郎らが開発した濾水器の性能を褒めあげた一方、その裏で進められていた細菌戦の研究については、口を閉ざしていた。前述の草地の回答がそれでも最も踏み込んだ部類で、あとはほとんど言及すらされていない。

井田が言う通り、ノモンハン事件を契機に、戦地での給水の重要さが陸軍中枢部に認識された。731部隊の正式名称はそれまで「関東軍防疫部」だったが、ノモンハン事件翌年の1940年には「関東軍防疫給水部」に改称され、組織も拡充されている。

だが一方、731部隊が初めて細菌攻撃を実行したのも、ノモンハン事件だった。

初の細菌戦

2023年4月に死去した常石敬一・神奈川大学名誉教授の研究によれば、731部隊がノモンハンの戦線で細菌戦を仕掛けたのは、1939年8月下旬のことだったという。ソ連軍が大攻勢に出て、関東軍が壊滅的なダメージを受けた直後に相当する。

関東軍防疫部の軍人や軍属が細菌の培養液を入れたガソリン缶をトラックで運び、戦闘区域を横切るホルステン河に流したという。だが、作業に加わっていた軍曹が散布時に培養液を浴びてしまい、腸チフスで死亡する結果に終わったとされる。

同じノモンハンの戦線にいた将校らで、この事実をクックス博士に告げた者はいない。反面、ソ連が仕掛けた細菌戦について語った者がいた。

陸軍きっての〝モンゴル通〟だった矢野光二は、「ロシア人の密偵を捕まえました。それは炭疽菌を持っていました」と、聞かれてもいないのに打ち明けた。

証言によれば、1941年夏の関東軍特種演習（関特演）のころ、満州北部の三河地方で、ハイラルの北方から入り込んだ密偵が射殺される事件が起きた。ちょうど矢野がその方面にいて死体の所持品を調べたところ、「水筒と菌を持って」いることが判明したという。

「三河は、元来、非常に炭疽病が多かったんですね。それでなんだろう、なんだろうと言っていた」、その矢先のことだったという。矢野が「タナカ・テッサブロウね」と、念を押すように密偵の名前を明かすと、同席していた元参謀本部作戦班員の今岡豊は、「テッさんね」と、いかにもよく知っているような受け答えをした。

浅瀬を選んでホルステン河を渡る日蒙共同学術調査団の車両。ホルステン河はノモンハン事件で日本軍が布陣した一帯を流れ、ハルハ河に合流していた＝2019年5月25日、モンゴル・ドルノド県、永井靖二撮影

さらに、証言者の一人で特務機関の幹部だった西原征夫は後年、自著「全記録ハルビン特務機関」で、同一か、あるいはよく似た事案を記している。

同書は「昭和17年初夏（?・）」と、疑問符をつけた時期のこととして、三河地方でヒツジ３００頭、牛約１００頭が突然、斃死《へいし》した、と述べる。地元の特務機関は、７３１部隊の姉妹機関で軍馬や家畜の防疫や細菌戦の研究を手がけていた「１００部隊」こと「関東軍軍馬防疫廠」の支援を受け、現場を調べた。その結果、この地方にはいないはずのノミに取りつかれたネズミが見つかったという。非常手配をかけて不審人物を追い詰めたが、逮捕の瞬間にその男は拳銃自殺を遂げてしまった。遺留品からソ連軍の獣医と判明し、薬嚢の中から炭疽菌入りのアンプルが出てきたとしている。

関東軍も炭疽菌を散布

もっぱら相手がやったことだけを彼らは述べているが、関東軍も似たようなことをソ連に仕掛けていた。

敗戦を経て冷戦が厳しさを増していた1949年12月、アメリカ主導の日本の戦後処理に対抗するかのように、細菌戦に関わったとされる関東軍幹部ら12人の裁判が極東・ハバロフスクで開かれた。その法廷で、100部隊の獣医だった平桜全作が、ソ連に向けた戦時下の細菌戦謀略について証言をしている。

それによれば、平桜が100部隊に配属されたのは1942年7月のこと。同年7～8月に夏季演習が三河地方で挙行され、ソ連との国境のアルグン川へ満州国側から合流するデルブル川の流域約1キロを、細菌で汚染させたとする。国境の満州国側からソ連領内へ、病原菌を実際に蔓延させることができるかを研究するためだった。

ゴムボートに乗った研究員2人が、約100メートルおきに病原菌を散布したという。「河、湖は鼻疽菌で、土地は炭疽菌で汚染しました」と、平桜は証言した。一方で、具体的な散布の手法については、「知りません」としている。

証言の信憑性や自発性にとかく疑義が出されがちなハバロフスク裁判だが、平桜のこの証言は、第三者が後年公表した回顧録の中に裏付けとなる記述がある。

特務機関内の「ロシア語教育隊」にいた垣内弘士は、100歳を迎えた2021年3月、4年半に及んだシベリア抑留の体験記を、極東ロシア近現代史の研究者らによる専門誌「セーヴェル」に寄稿した。ロシア語教育隊は、ノモンハン事件やその事後処理でロシア語通訳の不足が問題になったのを受け、1940年春に創設された部隊だ。

手記によれば、ハバロフスク近郊の収容所で製材作業などをさせられていた垣内は1948年晩春、収容所長から平桜の通訳をするよう命じられた。所長官舎で飼っていたブタが病気になり、治療のため獣医の平桜が呼ばれたのだという。

3回に及んだ往診の最中、平桜は100部隊でしていた仕事の内容を垣内に語った。

細菌の散布に航空機も

この時、平桜は垣内に、翌年のハバロフスク法廷では「知りません」と陳述することになる、細菌の散布方法の一端を語っている。

それによれば、100部隊は国境付近の河川を対象に、満州国側の岸辺を流れていた水がいつごろソ連領側のどのあたりに達するのかを、詳細に調べていたという。また、シベリアではどんな家畜が何頭ぐらいどんな状態で飼われているのかも、偵察機で把握に努めていた。

細菌の散布には、実はゴムボートだけでなく航空機も使われていたという。ゴムボートによる散布の折は着任直後だったため、平桜は後方支援の役回りだったが、航空機からの散布については実体験として打ち明け話をした。

散布の際はまず、高速度が出せる新司令部偵察機（新司偵）でソ連領空に侵入し、目的の牧草地を空撮する。そして緊急発進したソ連の迎撃機が到着しないうちに、特殊な散布容器を使って病原菌を投下した。散布容器は爆弾のような形状で、細菌が死なずに地上へ達するよう工夫が凝らされた「すぐれもの」（平桜談）だった。病原菌の効果が最大になった時期を見計らって再び偵察機で同じ場所を空撮し、写った家畜の頭数を比較して効果を確認していたのだという。

垣内は当時、すでに731部隊のことは知っていたが、100部隊に関しては「今までその存在と活動内容について知らなかった」という。「関東軍すなわち日本陸軍すなわち天皇の軍隊が、どれほど手広く唾棄すべき活動に加わっていたのか知った」と、振り返った。

ロシア語を勉強中だった若手特務機関員はともかく、ソ連側の同種の謀略まで把握していた幹部将校らが、これらのことを知らなかったとは考えにくい。GHQでの勤務経験もある日本軍のことに詳しい研究者が相手でも、特務機関にいた元将校らは知っている限りのことを赤裸々に語ったわけではないことが、この逸話からも端的にうかがわれる。

たとえバイアスはあっても――結びに代えて

だが一方、敗戦から80年が経ち、軍隊の意思決定に関わった将校らの証言を直接聞くことはすでにほぼ不可能となった。そんな現在、前述のようなバイアスがあるとはいえ、内実のつかみにくい諜報《ちょうほう》活動の中軸を担っていた特務機関の幹部らの肉声が存在していることの価値は、計り知れないと言える。

ノモンハンや張鼓峯については必読書と言える詳細な戦史を書き残したクックス博士だが、特務機関については、まとまった記述はほとんど残していない。その1次資料となる証言録音がアメリカ国内に所蔵されているのは難点だが、元将校らが語り残した言葉の中には、未解明の史実を解明する端緒が数多く含まれていると感じた。

今回の試みを契機にさらにこの音源の解読が進み、これまで光の当たっていなかった事実が積み重ねられていくことを願ってやまない。

【主な引用・参考文献】

◇西原征夫著「全記録ハルビン特務機関　関東軍情報部の軌跡」（1980年、毎日新聞社）
◇種村佐孝著「大本営機密日誌　新版」（1985年、芙蓉書房）
◇アルヴィン・クックス著「ノモンハン　草原の日ソ戦　1939」（上・下、邦訳1989年、朝日新聞社）
◇アルヴィン・クックス著「もう一つのノモンハン　張鼓峯事件　1938年の日ソ紛争の考察」（邦訳1998年、原書房）
◇山室信一著「キメラ――満洲国の肖像　増補版」（2004年、中公新書）
◇麻田雅文著「中東鉄道経営史　ロシアと『満洲』1896―1935」（2012年、名古屋大学出版会）
◇麻田雅文著「日露近代史　戦争と平和の百年」（2018年、講談社現代新書）
◇阿部博行著「石原莞爾　生涯とその時代」（上・下、2005年、法政大学出版局）
◇今岡豊著「石原莞爾の悲劇」（1981年、芙蓉書房）
◇今井武夫著「支那事変の回想」（1964年、みすず書房）
◇今村均著「今村均回顧録　改題『私記・一軍人六十年の哀歓』」（1980年、芙蓉書房）
◇原田熊雄著「西園寺公と政局　第七巻　自昭和十三年六月至昭和十四年六月」（1952年、岩波書店）
◇麻田雅文著「蔣介石の書簡外交　日中戦争、もう一つの戦場」（上・下、2021年、人文書院）
◇辻政信著「ノモンハン　新装版」（1975年、原書房）

◇半藤一利著「ノモンハンの夏」（1998年、文藝春秋）
◇半藤一利著「ソ連が満洲に侵攻した夏」（1999年、文藝春秋）
◇中山隆志著「満洲――1945・8・9　ソ連軍進攻と日本軍」（1990年、国書刊行会）
◇北川四郎著「戦争と人間の記録　ノモンハン　元満州国外交官の証言」（1979年、現代史出版会）
◇佐々木智也著「ノモンハンの国境線　『日ソ戦争』への長い道」（2020年、佐々木書店）
◇秦郁彦著「明と暗のノモンハン戦史」（2014年、PHP研究所）
◇スチュアート・ゴールドマン著「ノモンハン　1939　第二次世界大戦の知られざる始点」（2012年、邦訳2013年、みすず書房）
◇アントニー・ビーヴァー著「第二次世界大戦　1939―45」（上・中・下、邦訳2015年、白水社）
◇ジェフリー・ロバーツ著「スターリンの将軍　ジューコフ」（邦訳2013年、白水社）
◇パヴェル・スドプラトフ、アナトーリー・スドプラトフ著、ジェロルド&レオナ・シェクター編「KGB　衝撃の秘密工作」（上・下、邦訳1994年、ほるぷ出版）
◇クラウゼヴィッツ著「戦争論」（上・中・下、1832年、邦訳1968年、岩波文庫）
◇大木毅著「独ソ戦　絶滅戦争の惨禍」（2019年、岩波新書）
◇長谷川毅著「暗闘　スターリン、トルーマンと日本降伏」（2006年、中央公論新社）
◇山本有造編著「満洲　記憶と歴史」（2007年、京都大学学術出版会）
◇D・ネディアルコフ著「ノモンハン航空戦全史」（邦訳2010年、芙蓉書房出版）
◇草地貞吾著「関東軍作戦参謀の証言」（1979年、芙蓉書房）

◇愛新覚羅溥儀著「わが半生」（上・下、邦訳1977年、筑摩書房）
◇露木甚造著「北の国に生きて」（1974年、自費出版）
◇松風・第一三三師団、不朽・独混第一三五旅団戦史編纂委員会編「アムール河畔の英霊に捧ぐ　松風・第一三三師団（孫呉）不朽・独混第一三五旅団（瑷琿）戦史」（1982年、戦史刊行会）
◇常石敬一著「731部隊全史　石井機関と軍学官産共同体」（2022年、高文研）
◇加藤哲郎、小河孝著「731部隊と100部隊　知られざる人獣共通感染症研究部隊」（2022年、花伝社）
◇モスクワ・国立政治図書出版所編「細菌戦用兵器ノ準備及ビ使用ノ廉デ起訴サレタ元日本軍軍人ノ事件ニ関スル公判書類」（1950年、モスクワ・外国語図書出版所）
◇貴志俊彦、松重充浩、松村史紀編「二〇世紀満洲歴史事典」（2012年、吉川弘文館）
◇財団法人満鉄会編「満鉄四十年史」（2007年、吉川弘文館）
◇秦郁彦編「日本陸海軍総合事典」（1991年、東京大学出版会）
◇外山操編「陸海軍将官人事総覧・陸軍篇」（1993年、芙蓉書房出版）
◇防衛庁防衛研修所戦史室著「戦史叢書　関東軍（1）　対ソ戦備・ノモンハン事件」（1969年、朝雲新聞社）
◇防衛庁防衛研修所戦史室著「戦史叢書　関東軍（2）　関特演・終戦時の対ソ戦」（1974年、朝雲新聞社）
◇近代日中関係史年表編集委員会編「近代日中関係史年表　1799―1949」（2006年、岩波書店）
◇吉田裕、森武麿、伊香俊哉、高岡裕之編「アジア・太平洋戦争辞典」（2015年、吉川弘文館）
◇伊藤隆監修、百瀬孝著「事典　昭和戦前期の日本　制度と実態」（1990年、吉川弘文館）

◇伊藤隆、季武嘉也編「近現代日本人物史料情報辞典　1〜4」(2004、05、07、11年、吉川弘文館)
◇大越兼二著『リュシコフ三等大将の脱出』(1955年、「文藝春秋」8月号、文藝春秋)
◇松本和久著『初期満ソ国境紛争の発生と展開(1935〜1937)——国境委員会設置交渉から武力処理思想へ』(2018年、「境界研究」第8号、北海道大学スラブ・ユーラシア研究センター)
◇稲田正純著『ソ連極東軍との対決　張鼓峰・ノモンハン事件の全貌秘録』(1956年、「別冊知性」、河出書房)
◇矢野光二著『タウラン付近の戦闘——ホロンバイルの草原に展開した日蒙機甲部隊の交戦』(1967年、「軍事史学」第8号、軍事史学会)
◇連合国最高司令官総司令部国際検察局作成『法廷証第2650号：宣誓供述書　矢野光二』(1947年、国立国会図書館蔵、日本占領関係資料)
◇山本武利著『陸軍参謀本部第8課(宣伝謀略課)の興亡』(2022年、「インテリジェンス」第22号、20世紀メディア研究所)
◇土田穣著『第一二三師団作戦記録』(1950年9月、アジア歴史資料センター蔵、資料番号C13010021090 0)
◇復員局作成『第百二十三師団の状況』(1950年7月、アジア歴史資料センター蔵、資料番号C14020082820 0)
◇松野誠也著『関東軍防疫部・関東軍防疫給水部と陸軍中央』

（2020年5月「15年戦争と日本の医学医療研究会会誌」第20巻第2号、戦争と医学医療研究会）
◇垣内弘士著『敗戦からシベリア抑留4年6カ月　100年の生涯の中の最も異質／異常な日々（前篇・中篇・後篇のうち　後篇）』（2023年3月、「セーヴェル」第39号、ハルビン・ウラジオストクを語る会）

永井靖二

1966年静岡県生まれ。大学は工学部工業化学科から分子工学専攻を修了し、1991年に朝日新聞に入社。福井支局、神戸支局を経て1996年から大阪社会部。調査報道班、大阪府警担当などを経て、2006年ごろから近現代史の取材を多く手がける。著書に「朝日新聞の秘蔵写真が語る戦争」(2009年、共著)、「司法と憲法9条　自衛隊違憲判決と安全保障」(2017年)、「白球の世紀　高校野球100回秘史」(2019年、共著)など。趣味は天体観測。

デザイン◉松嶋和実(ハナマツ)
DTP◉中尾 淳

満州《まんしゅう》スパイ戦《せん》秘《ひ》史《し》
関東軍《かんとうぐん》将校《しょうこう》らの証言《しょうげん》で迫《せま》るノモンハン事件《じけん》から日《にっ》ソ戦争《せんそう》まで

2025年4月30日　第1刷発行

著　者：永井靖二
発行者：宇都宮健太朗
発行所：朝日新聞出版
〒104-8011　東京都中央区築地5-3-2
電話　03-5541-8814(編集)　03-5540-7793(販売)
印刷所：株式会社DNP出版プロダクツ

ISBN 978-4-02-332450-3
定価はカバーに表示してあります。